配电网电气基础知识

PEIDIANWANG DIANQI
JICHU ZHISHI

任歌武 等 编著

编委会

主　任： 任歌武

副主任： 陈振宇　孟宇红　陈延昌　李会涛　陈国义　李红光

委　员： 周　鹏　崔　威　王思宁　陈豪然　邵永刚　李自雨
　　　　　　贾　鹏　李艳山　马国民　邱丽丽　任俊霞　梁晓波
　　　　　　余　泳　程广俊　程玉亮　卢秀进　齐茂永　郭彦勇

河南大学出版社
HENAN UNIVERSITY PRESS

·郑州·

图书在版编目（CIP）数据

配电网电气基础知识 / 任歌武等编著 . -- 郑州：河南大学出版社，2021.3
ISBN 978-7-5649-3699-0

Ⅰ.①配… Ⅱ.①任… Ⅲ.①配电系统－电气设备－基础知识 Ⅳ.① TM727

中国版本图书馆 CIP 数据核字（2021）第 056435 号

责任编辑　张雪彩
责任校对　李亚涛
整体设计　李　伟

出版发行　河南大学出版社
　　　　　地址：郑州市郑东新区商务外环中华大厦2401号　邮编：450046
　　　　　电话：0371-86059750（高等教育与职业教育出版分社）
　　　　　　　　0371-86059701（营销部）
　　　　　网址：hupress.henu.edu.cn
印　　刷　郑州新海岸电脑彩色制印有限公司
版　　次　2021年6月第1版　　　　印　次　2021年6月第1次印刷
开　　本　787mm×1092mm 1/16　　印　张　13.75
字　　数　318千字　　　　　　　　定　价　68.00元

（本书如有印装质量问题，请与河南大学出版社营销部联系调换）

前言

配电网工程技术看似简单，但电气设备种类繁多、形式多样、接线复杂，在近几年的配电网工程的工作实践中发现，由于缺乏系统的学习材料，许多从事配电网工程的工作人员对实际设备的认知学习过程很长，即使是电气工程专业的毕业生，对现场实际设备也往往缺乏必要的系统化的认知。为此，我们组织一批具有丰富实践知识的技术人员编写了这本学习资料。本书内容力求紧密和生产实际相结合，避开复杂的电力系统理论所涉及的数学模型和难懂的数学公式推导及计算过程，在结构体系上，突出配电网电气实用知识，尽可能介绍贴近现场的实际设备。

本书主要面向配电网工程建设、监理及运行、检修人员的专业培训，力求给配电网工程的建设和运营单位提供一个紧密结合现场实际的基础知识教程，快速提升其专业实际工作能力。对于初入电力系统工作的人员，或者其他需要了解配电网电气基础知识的电力部门的非专业人员，也提供了一本初步的、全面的、切合现场实际的配电网电气知识教材或自学资料。另外，由于其内容与现场实际设备的直接结合，也可作为技工类学校的相关专业参考学习资料之一。

本书在河南省电力公司配电网管理办公室的策划、指导和参与下，由山东诚信工程建设监理有限公司组织完成。本书由任歌武等编著，河南省电力公司配电网管理办公室的陈振宇、孟宇红、陈延昌、李会涛、周鹏、崔威、王思宁、陈豪然、邵永刚、李自雨、贾鹏、李艳山、马国民、邱丽丽、任俊霞、梁晓波、余泳，参与了本书的编写和审定工作。山东诚信工程建设监理有限公司的陈国义、李红光、程广俊、程玉亮、卢秀进、齐茂永、郭彦勇，参与了本书的资料收集和编写工作。郑州电力高等专科学校的靳建峰教授，担任本书的主审，提出了宝贵的修改意见。

本书共八章二十七节，只涉及10千伏及以下配电网系统的知识，不涉及更高电压等级及电源等方面的专业知识。

限于编者水平有限，书中难免存在缺点和不足之处，恳请广大读者批评指正。

2021年1月1日

001　第一章　电路的基本规律

002　第一节　直流电路及基本概念
008　第二节　交流电路及基本概念
016　第三节　三相交流电网

023　第二章　电力系统概述

024　第一节　电力系统的基本概念
027　第二节　电能的传输和电压的变换
031　第三节　电力网络的电压等级和接线
034　第四节　电力系统的负荷及新能源发电技术

041	第三章	电气设备的接地	

042	第一节	电气接地的分类及作用	
050	第二节	接地装置组成及配电设备的接地	
058	第三节	电气接地电阻的要求	
062	第四节	电气接地装置的安装	
076	第五节	电气接地装置的运行维护	

081	第四章	电力设备	

082	第一节	电力变压器及互感器	
095	第二节	断路器及开关类设备	
105	第三节	过电压保护类设备	
110	第四节	其他常用电力设备及装置	

119	第五章	电力成套装置	

120	第一节	架空配电线路	
134	第二节	电缆线路	
139	第三节	开闭所及成套装置	

149　第六章　电力工程识图入门

150　第一节　电力工程设计图纸概述
153　第二节　电力工程识图入门
171　第三节　电力工程识图示例

183　第七章　继电保护与自动装置

184　第一节　电网事故与继电保护的概念
188　第二节　综合自动化系统

193　第八章　电气试验

194　第一节　电气试验概念
202　第二节　交流高压电气试验
207　第三节　其他电气试验项目

211　参考文献

第一章

Diyizhang

电路的基本规律

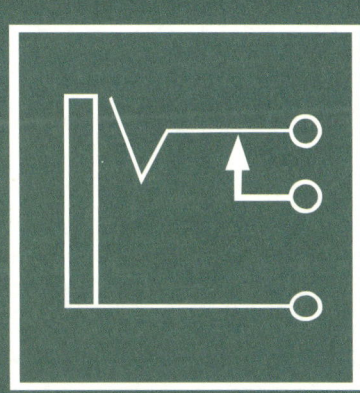

第一节 直流电路及基本概念

一、欧姆定律的基本概念

1.**部分电路欧姆定律**：我们在初中物理中学习过，在一电路中，通过某一导体的电流跟这段导体两端的电压成正比，跟这段导体的电阻成反比，这就是欧姆定律（也称部分电路欧姆定律）（图1-1）。用公式表示就是

$$I = \frac{U}{R}$$

式中：

U——电源电压。电压的基本单位是伏特，简称伏，用V表示。

I——电路电流。电流的基本单位是安培，简称安，用A表示。

R——电路电阻。电阻的基本电位是欧姆，简称欧，用Ω表示。

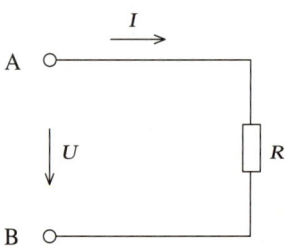

图1-1 部分电路欧姆定律

> **延伸阅读：**
>
> 在电力系统中，经常用到以上单位的千进制单位，例如电压是千伏（kV），那么1千伏=1000伏；再例如1兆伏（MV）=1 000 000伏=1000千伏。也有更小的电压单位是毫伏（mV）、微伏（μV），1毫伏=1/1000伏，1微伏=1/1 000 000伏=1/1000毫伏。同理，电流的单位有千安、兆安、毫安、微安。电阻的单位有千欧、兆欧、毫欧、微欧等。

2.欧姆定律公式还可以写成以下两种形式：

$$U = IR \qquad (1)$$

用文字表述为：一段电路两端的电压，与这段电路的电流与电阻（的乘积）成正比。

或者
$$R = \frac{U}{I} \qquad (2)$$

即一段电路的电阻，等于这段电路的端电压与其通过的电流之比。

3.全电路欧姆定律：处于某状态的导电体，其电动势与产生的电流成正比。因此，电动势与电流的比例，即电阻，不会随着电流而改变。在这里，电动势就是导电体两端的电压。用公式表述为：

$$I = \frac{E}{(R+r)}$$

E为电源电动势，单位为伏特（V）；

R是负载电阻，r是电源内阻，单位均为欧姆（Ω）。这里引入了电源内阻的概念，即电源内电路的电阻。

全电路欧姆定律用简图（图1-2）表示如下：虚线框内为内电路。

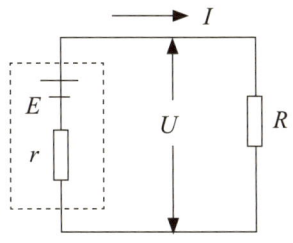

图1-2 全电路欧姆定律

延伸阅读：

电源电动势是反映电源把其他形式的能转换成电能的本领的物理量。电动势使电源两端产生电压。

电动势的大小等于非静电力把单位正电荷从电源的负极，经过电源内部移到电源正极所做的功。

电动势的方向规定为从电源的负极经过电源内部指向电源的正极，即与电源两端电压的方向相反。

二、电路元件的串联和并联

1.串联电路：把用电器各元件逐个顺次连接起来，接入电路就组成了串联电路（图1-3）。我们常见的装饰用的"满天星"小彩灯，常常就是串联的。

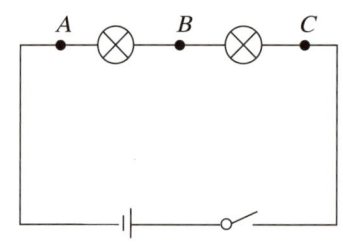

图1-3 串联电路示例

串联电路有以下一些特点：

（1）电路连接特点：串联的整个电路是一个回路，各用电器依次相连，没有"分支点"。

（2）用电器工作特点：各用电器相互影响，电路中一个用电器不工作，其余的用电器就无法工作。

（3）开关控制特点：串联电路中的开关控制整个电路，开关位置变了，对电路的控制作用没有影响。即串联电路中开关的控制作用与其在电路中的位置无关。

（4）判断电路是否为串联要点：串联电路中，只要有某一处断开，整个电路就成为断路，即所相串联的电子元件不能正常工作。

如图1-4所示为若干个电阻串联形成一个电路：

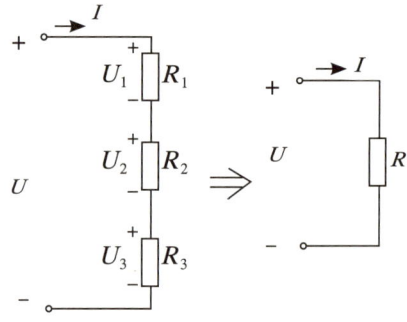

图1-4 串联电路原理图

串联电路电流处处相等：$I=I_1=I_2=I_3=\cdots=I_n$

串联电路总电压等于各处电压之和：$U=U_1+U_2+U_3+\cdots+U_n$

串联电阻的等效电阻等于各电阻之和：$R=R_1+R_2+R_3+\cdots+R_n$

2.并联电路：把用电器各元件并列连接在电路的两点间，就组成了并联电路（图1-5）。家庭中的电灯、电风扇、电冰箱、电视机等用电器都是并联在电路中的。

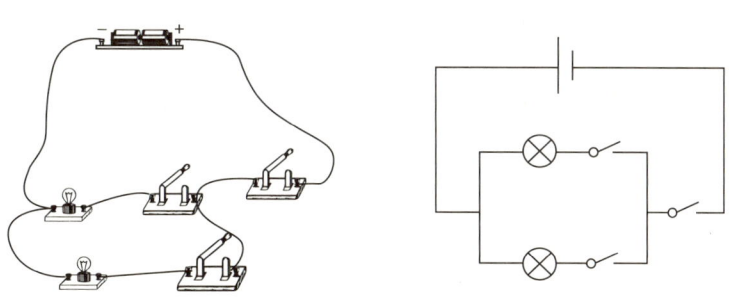

图1-5 并联电路运用示例

并联电路有以下特点：

（1）电路连接特点：并联电路由干路和若干条支路组成，有"分支点"，每条支路各自和干路形成回路，有几条支路，就有几个回路。

（2）用电器工作特点：并联电路中，一条支路中的用电器若不工作，其他支路的用电器仍能工作。

（3）开关控制特点：并联电路中，干路开关的作用与支路开关的作用不同。干路开关起着总开关的作用，控制整个电路，而支路开关只控制它所在的那条支路。

（4）判断电路是否为并联的要点：任意拿掉一个用电器，看其他用电器是否工作，如果所有用电器都被拿掉过，而且其他用电器都工作，那么这个电路是并联电路。

如图1-6所示为若干个电阻并联形成一个电路：

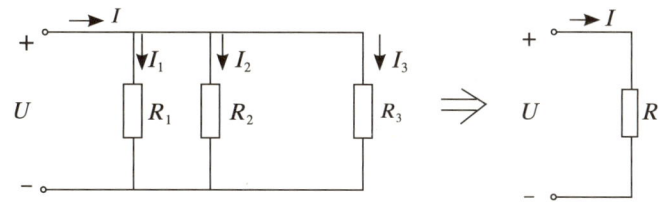

图1-6 并联电路原理图

并联电路电流特点：$I=I_1+I_2+\cdots+I_n$，在并联电路中总电流等于各支路电流之和。

并联电路电压特点：$U=U_1=U_2=\cdots=U_n$，在并联电路中电压都相等。

并联电路电阻特点：$1/R=1/R_1+1/R_2+\cdots+1/R_n$，在并联电路中总电阻的倒数等于各支路电阻的倒数之和。

三、基尔霍夫第一定律（节点电流定律）

1.定义：在电路中，所有进入某节点的电流的总和等于所有离开这节点的电流的总和。或者说，假设进入某节点的电流为正值，离开这节点的电流为负值，则所有涉及这节点的电流的代数和等于零。

2.用公示表达为：

$$\sum I_入 = \sum I_出$$

3.示例：如图1-7电路中，流入a节点的电流为I_1=4 A、I_2=-6 A、I_3=-10 A，那么根据基尔霍夫第一定律，$I_2=I_1+I_3$=4-10=-6 A。同样，如果计算b节点，是一样道理。

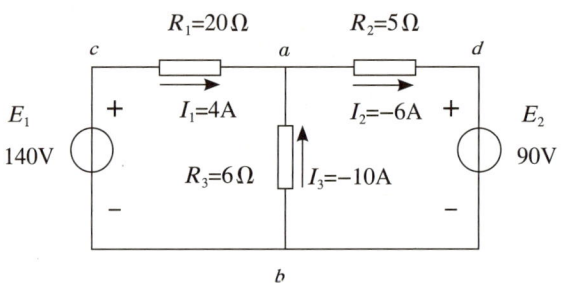

图1-7 基尔霍夫定律计算图例

四、基尔霍夫第二定律（回路电压定律）

1.定义：在任何一个闭合回路中，各元件上的电压降的代数和等于电动势的代数和。或者说在任一瞬间，任一回路中的电压升之和等于电压降之和。

2.用公式表达为：

$$\sum E = \sum U \quad 或者 \quad \sum U_升 = \sum U_降$$

3.示例计算：以图1-7为例，我们规定，沿任意闭合回路绕行一周，电压或电势的方向与回路绕行方向一致时为正，相反时为负；电流方向与绕行方向一致时为正，相反时为负。例如我们计算最外侧的回路，则$E_1+E_2=I_1R_1+I_2R_2$，即140-90=4×20-6×5，50=50。

五、电功率及电能

1.电功率：电流在单位时间内所做的功叫作电功率。用以下公式表示：

$$P = \frac{W}{t} = \frac{qU}{t} = UI$$

式中：
P 为电功率，单位是瓦特，简称瓦，用字母W表示；
q 为电荷，单位是库伦，用字母C表示。
U 为电压，单位是伏特（V）；
I 为电流，即单位时间内通过的电荷，单位是安培（A）。

2.电能（电功）：电能常用的单位是大家熟知的"度"，1度电表示功率为1千瓦的电器使用1小时（1 h）所消耗的电能，即：

$$1度 = 1千瓦 \cdot 小时$$

延伸阅读：

*电功率的单位按照千进制，有千瓦（kW）、兆瓦（MW），更小的有毫瓦（mW）等。

*同样，电能的单位按照千进制，也有相应的单位。不过我们电力系统通常以万千瓦时、亿千瓦时为单位表述。

电功的其他表述方式：电功率除了 $P=IU$ 这个基本表达式，还可以推导出以下几个常用变化式：

$$P = I^2 R \quad 以及 \quad P = \frac{U^2}{R}$$

因此可以表述为，电功率与电流的平方（或电压的平方）成正比。以上两式中的电功率 P 乘以时间 t 即为电功（电能）。

第二节 交流电路及基本概念

一、交流电的概念

1.直流电：电流、电压或电动势的方向恒定的电流，叫作直流电；如果电流、电压的大小不随时间变化，就是恒流源或者恒压源，是直流电的一种特殊表现形式。

2.交流电：电流、电压或电动势的大小及方向均按时间作周期性变化的电流，叫作交变电流，简称交流电。

3.电力系统中的交流电是其电压、电流按照正弦函数规律作周期性变化，属于正弦波交流电。在电子通信专业里，常见的还有多种波形的电流，例如尖脉冲波、锯齿波、矩形波、调幅波、调频波（图1-8）。电力系统使用的正弦波交流电是简谐波的一种，不含各种谐波分量。

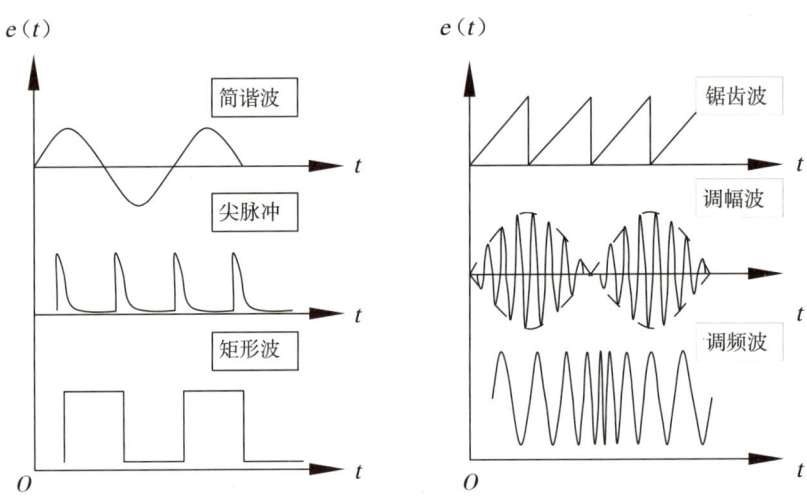

图1-8 各种常见波形

4.综上所述：交流电和直流电的区别就在于，电流、电压或电势的方向是否随时间作周期性变化。我们在第一节学习的内容属于直流电范围。

> **延伸阅读：**
>
> * 直流电和交流电可以相互转换，交流电转换为直流电的过程称为整流。我们常用的电视机、手机、电脑使用的是低压直流电，在插入交流电源电供电时，由内部一个整流装置将交流电转换降压为直流电。反之，把直流电转换为交流电的过程我们称为逆变，是整流的逆过程。
>
> * 电力系统中，大功率交流电的产生通常由交流发电机、大型逆变电源实现；在小功率范围内，可以由相应级别的交流发生器、信号发生器来产生各种逆变器。

二、单相正弦交流电路

1. 正弦交流电的三要素：最大值、频率、初相角（图1-9）。

用公式表示为：$i = I_m \sin(\omega t + \phi)$

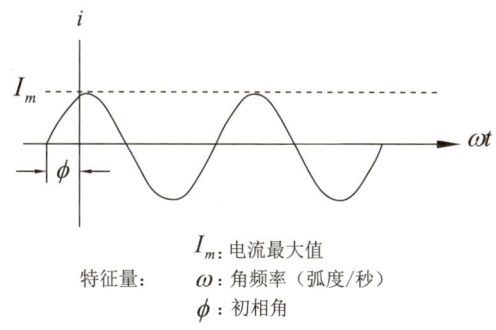

特征量：
- I_m：电流最大值
- ω：角频率（弧度/秒）
- ϕ：初相角

图1-9 单相正弦交流电流波形

其中：I_m 是交流电流的瞬时值，它在每一个时刻都呈现出不同的大小和方向，可能等于最大值，可能为零或者负值。

2. 有效值的概念：因为交流电的大小和方向不断变化，那么当我们需要测量它时，应当有一个与直流电等效的参数来表示它，才方便运用。我们定义：如果一个交流电流 i 和一个直流电流 I 在相同的时间内通过同一电阻产生的热量相等，那么我们称直流电是交流电的有效值。有效值的符号我们约定用大写字母表示，比如电压、电流、电动势。

瞬时值——小写字母，u，i

有效值——大写字母，U，I

最大值——大写字母+下标，U_m，I_m

延伸阅读：

有效值是一个非常重要的概念，我们日常接触到的各种电气额定参数，大多数是用有效值表示的。例如一个电器的额定工作电压、额定工作电流等；电力系统常常用到的电压等级，如10 kV、35 kV、220 kV，电气设备的工作电流、额定容量等都是用有效值表示。

在正弦交流电路中，最大值是大于有效值的，它们两者的关系以电压为例：

$$U_m = \sqrt{2}U$$

因此，我们不要把有效值等同于最大值，例如，一个220 V的家用电器，其最大工作电压实际上是：

$$U_m = \sqrt{2} \times 220 \text{ V} = 311 \text{ V}$$

同样道理，一条10千伏的线路，其最大工作电压实际是：

$$U_m = \sqrt{2} \times 10 \text{ kV} = 14.1 \text{ kV}$$

因此，考虑到交流电的最大电压、有可能承受的雷击等因素，电气设备的最大工作电压、极限耐压参数要远高于其额定工作电压，这样才能保证设备工作时能承受各种过电压的冲击而不损坏。我们需要对变压器、开关等进行耐压试验，通过后才能安装使用，就是这个道理。

3.频率和周期：

（1）什么是周期？周期是交流电从零→正最大值→零→负最大值→零，这样变化一周所需要的时间。周期一般用T表示，如图1-10所示：

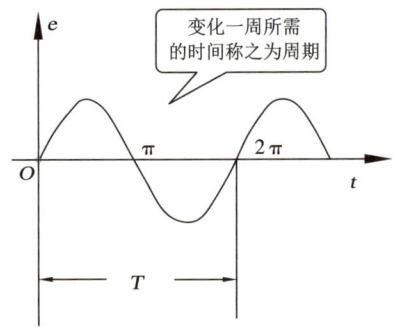

图1-10 交流电周期的含义

（2）什么是频率？频率是交流电在单位时间（每一秒）内完成变化的周期数，用字母F表示。例如我国交流电的频率是50 Hz，那么它的周期就是1秒/50=0.02秒。因此，周期和频率是互为倒数的关系，即

$$F = \frac{1}{T} \quad 或者 \quad T = \frac{1}{F}$$

4.初相角：

前面我们讲过，交流电可以用正弦波（图1-9）来表示，也可以用一个公式来描述：

$$i = I_m \sin(\omega t + \phi)$$

式中的$(\omega t + \phi)$就是相位角，ϕ是初相角，或者说是式中的$t=0$时的相位角。再通俗一点说，ϕ是正弦波的起始点或者参考点，这个概念对于描述多个正弦波之间的关系时经常用到。

三、三相交流电

1.相位差。 同频率正弦量的相位之差，叫作相位差。这是一个不随时间变化的参数。如果两个正弦量的频率不同，是不能比较相位差的。如图1-11所示：

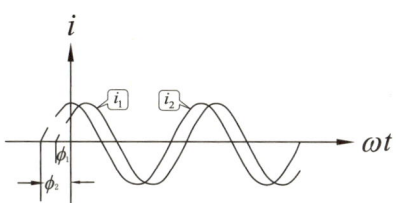

$$\begin{cases} i_1 = I_{m_1} \sin(\omega t + \phi_1) \\ i_2 = I_{m_2} \sin(\omega t + \phi_2) \end{cases}$$

图1-11 相位差

图中，i_1和i_2之间的相位差就是$\phi = (\omega t + \phi_2) - (\omega t + \phi_1) = \phi_2 - \phi_1$。

2.三相交流电。 三相交流电是由三个频率相同、电势振幅相等、相位差互差120°角的交流电路组成的电力系统。目前，我国生产、配送的都是三相交流电。

三相交流电有很多优越性，比如使用三相交流电的电动机、发电机节能节材、维护方便……发电机的转子为一磁铁，当它以匀角速度旋转时，每一个定子线圈都会产

生交变电动势。三个线圈产生的交变电动势的幅值和频率都相同，位相彼此差120°。其波形图和相量图分别如图1-12和1-13所示：

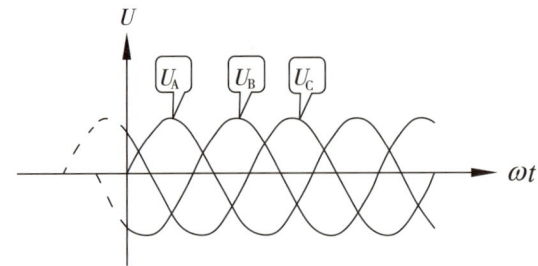

图1-12 三相交流电波形图

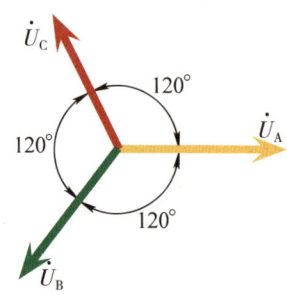

图1-13 三相交流电相量图

关于三相交流电路的特点、接线方式，我们将在后面详细讲述。

四、交流电路的阻抗

1. 电阻。交流电路中的电阻和直流电路中作用相同，能够对电流起到阻碍作用。同时这种阻碍作用将电能转化为热能，实现了从电能到热能一种不可逆的转换，从而做功。我们把这种转换能力定义为有功功率。因此，交流电路中电阻产生的有功功率等同于直流电路中的电阻产生的功率。

2. 电感和感抗。电感元件通常是由线圈和铁芯组成，它对直流来说也是纯电阻，对交流来说它的感抗与频率有关，频率越高越难通过它。电感在交流电路中也有阻碍交流电流通过的作用，我们称为感抗，用字母X_L来表示。因此，电感具有通直流、阻交流的作用。交流电流通过电感元件时不产生热效应，不能实现能量转换，但是交流电在电感线圈中产生了磁能，电能转换为磁能的过程中，对交流电存在一定的吸附和储存电能的作用。这样在电磁转换中产生的功率并不做功，称为无功功率。

3. 电容和容抗。电容是由两个互相绝缘的极板组成的容性元件，对直流起到绝缘作用，随着容抗的大小对交流起到不同数量的导通作用，主要用于隔直流通交流的电路，或旁路作用。电容在通过交流电流的同时会有一定的阻碍作用，这种作用称为容抗，我们用X_C来表示。电容元件在交流电路中能够储存和释放电能，电能的交换过程并不能实现能量的转换，因此它产生的功率也是一种无功功率，不过由于电容和电感的作用是相反的，两者的无功功率方向（或者说是相位）也是相反的。

4.在交流电路中，电感和电容对电流的阻碍作用就是阻抗，但是两者的作用在同一时刻一般来说是相反的。 由于这种特性，两者的很多特性有互补或者中和作用。在同一电流经过电容和电感时，电容和电感的相位相反，表现在阻抗的瞬时值一个为负则另一个为正。交流电路中的阻抗是电阻、感抗、容抗三者的矢量和，注意因为相位不同，三者不是算术和。用矢量（图1-14）表示如下：

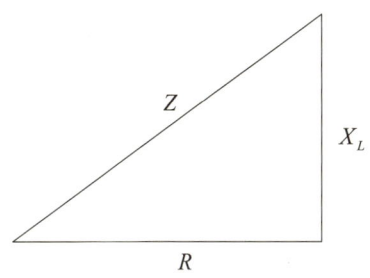

图1-14 阻抗三角形矢量图

用公式表示为： $Z = \sqrt{R^2 + (X_L - X_C)^2}$

五、交流电路的功率

电感、电容都是电能的储能元件，所产生的无功功率也有互补与中和的作用。同样道理，在交流电路中的功率也是一种矢量和的关系。由于存在无功功率，交流电路中的总功率，我们叫作视在功率，不一定等于有功功率。我们用以下几个公式来表达：

1.视在功率：在交流电路中，端电压与其电流有效值的乘积就是视在功率S，视在功率的单位我们用"伏安"（符号是VA）表示，大一些的用千伏安（kVA）、兆伏安（MVA）表示。那么

$$S = UI$$

视在功率通常用来表示电气设备的容量，例如发电机、变压器的容量是多少千伏安，它说明了这台设备可能转换的最大功率是多少。

2.无功功率：在交流电路中，无功功率是电路与电源交换功率的大小，用Q表示，其单位是乏（Var），或者千乏（kVar）等。

$$Q = UI\sin\varphi$$

由于相位角 φ 的变化,交流电路中的无功功率会随之变化。电路是呈现感性或者容性,取决于二者的大小。$Q>0$ 时,电路吸收功率;反之,$Q<0$ 时,电路输出功率。

3. 视在功率、有功功率、无功功率三者的关系,用矢量图(图1-15)、公式表示如下:

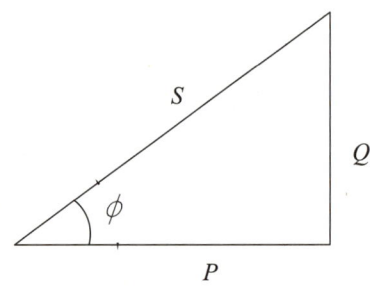

图1-15 功率三角形矢量图

$$S = \sqrt{P^2 + Q^2} = UI$$
$$P = S\cos\varphi = UI\cos\varphi$$

5. 功率因数。刚才我们从功率三角形关系的公式中,接触到了一个余弦函数 $\cos\varphi$,它直接影响了有功功率 P 与视在功率 S 的比值,也是二者的相位差的反映,我们把 $\cos\varphi$ 称为功率因数。

在电路中,只有电阻性负载(例如白炽灯、电阻炉)等的功率因数等于1,其他多数负载的功率因数均小于1,或者说电感性负载。感性负载在工作时需要向电源吸取一定的无功功率,这时功率因数低于1。如果负载 $\cos\varphi$ 过低,除需要在电路中向电源索取一定的无功功率外,这些无功功率还会增加线路中的损耗,造成电能的浪费。为减少这类负面作用,电力系统需要尽量提高负载线路的功率因数,有重要的经济意义。

延伸阅读：

无功功率绝不是无用功率，它的用处很大。电动机需要建立和维持旋转磁场，使转子转动，从而带动机械运动，电动机的转子磁场就是靠从电源取得无功功率建立的。变压器也同样需要无功功率，才能使变压器的一次线圈产生磁场，在二次线圈感应出电压。因此，没有无功功率，电动机就不会转动，变压器也不能变压，交流接触器不会吸合。

在正常情况下，用电设备不但要从电源取得有功功率，同时还需要从电源取得无功功率。如果电网中的无功功率供不应求，用电设备就没有足够的无功功率来建立正常的电磁场，那么这些用电设备就不能维持在额定情况下工作，用电设备的端电压就要下降，从而影响用电设备的正常运行。

6.提高功率因数的方法。由于线路或者负载多数是感性负荷，我们利用容性与感性负荷方向相反、作用互补的特性，在线路中增加一定量的电容元件，就能够起到提高功率因数的作用。例如图1-16就是一种典型的接线方式：

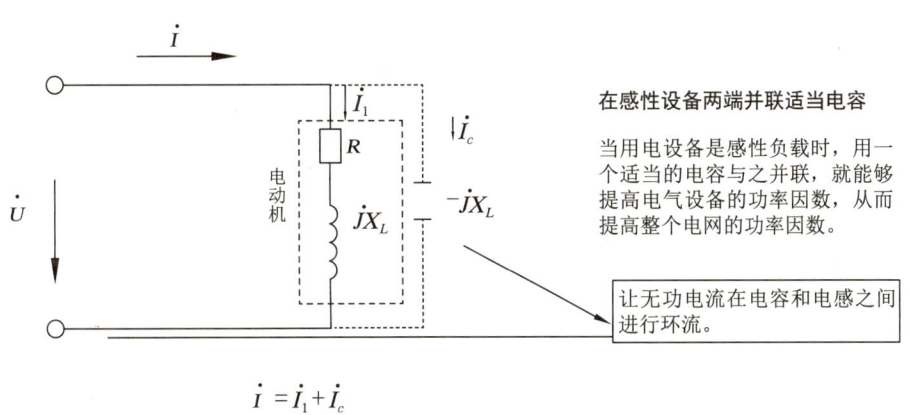

图1-16 电容补偿提高功率因数典型接线图

第三节　三相交流电网

在前面的课程中，我们已经接触到了三相交流电，知道了电力系统中运用三相交流电的意义，本节课程重点介绍电力系统中三相交流电的各种基础知识。

1.三相电动势。三相交流电路中有三个最大值相等、频率相同，彼此有着120°相位差的正弦波交流电动势（图1-17）。分别用U、V、W（或A、B、C）来表示三相，电力系统中的设备和接线、引出线，分别用黄、绿、红三色来表示三个相别。

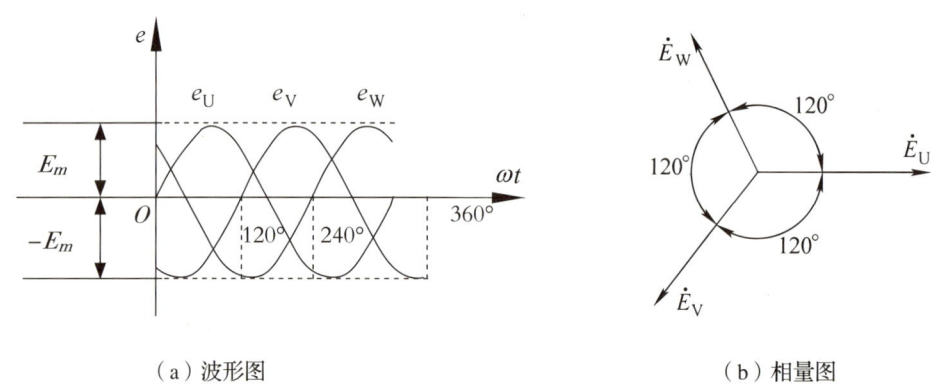

图1-17　三相交流电的波形图与相量图

电力系统中的三相交流电是一种对称电动势，特点是任何一个瞬间三相电动势的瞬时值之和恒为零。在实际运用中，我们常用U-V-W的次序来表示三相电动势的相序，所谓相序是指三相电动势通过最大值和零值的先后顺序，即U相比V相电动势超前120°；V相比W相电动势超前120°；W相比U相电动势超前120°。

在三相绕组中，将哪一相定位为U相是无关紧要的，但U相一旦设定，则V、W便按顺序一同被设定。即比U相滞后120°的是V相，相比V滞后120°的是W相，这个次序不能混淆。因此把U-V-W的相序称为顺相序。

2.三相交流电路的电功率。

在上一节中我们知道了单相交流电功率的表达式为:

$$P = UI\cos\phi$$

在三相交流电路中,总负载消耗的功率等于各相负载消耗的有功功率之和,即

$$P = P_U + P_V + P_W$$

当三相负载对称时,不论是星形连接(Y)还是三角形连接(△),三相中U,I和$\cos\phi$(功率因数)都是一样的,所以每一相中的功率大小相等,因此三相功率为单相功率的三倍,即三相功率$P=3P$,表达式为:

$$P = 3UI\cos\phi$$

因为在线路中测量线电压和线电流较为方便,因而常用线电压、线电流值来计算三相功率。经推导,可得出无论是星形还是三角形接线,以线电压U,线电流I方式计算有功功率的方式为:

$$P = 3UI\cos\phi$$

3.三相交流电的接线。

(1)星形连接(Y)将发电机(变压器)的三个绕组末端U_2、V_2、W_2连成一个公共点,该点称中性点,若中性点直接接地,该点又叫零点,用符号N表示;首端U_1、V_1、W_1引出三条导线,称相线、火线或端线,这种接线方法就叫作星形连接,如图1-18所示。

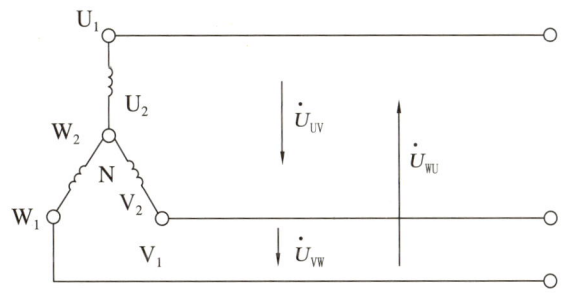

图1-18 星形三相三线电源接线图

星形连接的电源有两种方式向负载供电。一种是三相三线制,即用三条相线向负

载供电，提供负载一套三相电压。例如电力系统中的110千伏、35千伏主变压器就是这种接线方式。另一种为三相四线制，除三根相线外，从中性点也引出一条导线叫作中性线，与相线共同向负载供电，可向负载提供两套三相电压。

我国低压配电系统中，大都采用三相四线制电力系统，线电压为380 V，相电压为220 V，标注为380/220 V。如图1-19所示。

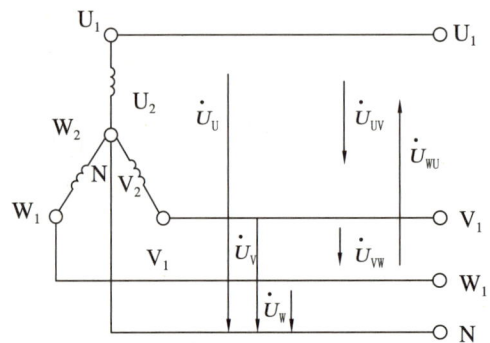

图1-19 星形三相四线电源接线图

从星形接线图中可以看出，线电压是相电压的矢量和，推导可得出其关系：

$$U_{线} = \sqrt{3} U_{相}$$

例如，380 V的线电压=$\sqrt{3} \times 220$ V（相电压）。

（2）三角形接线（△）。将三相绕组首末端依次相连接，如U_1与W_2相连、V_1与U_2相连、W_1与V_2相连，然后从三个连接点引出三条导线，就是三角形连接，如图1-20所示。

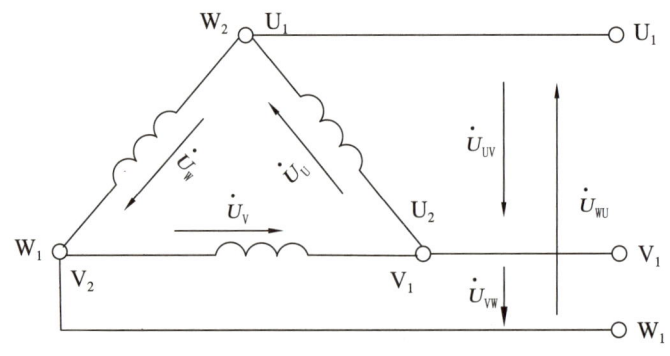

图1-20 三相电源的三相接线图

显然，电源采用三角形连接时，线电压就是相电压，即只有一组三相电压。但是其线电流是两相电流的矢量和，推导可得：

$$U_{线} = \sqrt{3}U_{相}$$

星形和三角形接线的这一点不同，需要大家记清楚。

4.三相负载的接线方式。

三相负载的接线方式与电源接线一样，也有星形和三角形两种方式。我们把它完整地用示意图表示出来。

三相四线制的星形接线方式（图1-21）：

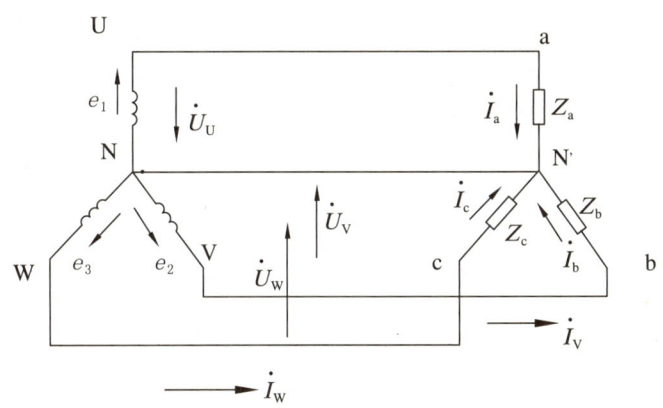

图1-21 三相四线制电源的星形接线图

负载对称时（即各相负载大小相等，阻抗角相等），在任何瞬间三个线电流的综合为零，也就是通过中性线的电流为零。既然中性线上没有电流，此时中性线毫无作用，是多余的，可以省去。例如向三相电动机或三相电炉供电时，可以采用三相三线制供电。

但是我们常见的是用到中性线的三相四线制供电方式，这是因为除对称的三相负载外，还有单相负载（如单相电动机［空调、电风扇］、单相电炉和照明等）。使用时如各相的负载不对称，各相电流大小就不一样，这就需要用中性线作为各相负载的公共回路，所以中性线上就有电流。各相负载差别越大，中性线上的电流就越大，因为这个电流是由于各相负荷不平衡引起的，也叫作不平衡电流。

中性线的作用是在负载变动时能使各负载两端的电压很小变动，且各相负载的相电压基本保持对称。

在不对称的三相供电系统中，中性线是非常重要的。不允许中性线断开，在中性线上不允许接入熔断器或开关。假如中性线断开了，各相负载会造成三相相电压不对称，有的相电压显著升高，有的相电压降低，容易损坏电气设备。

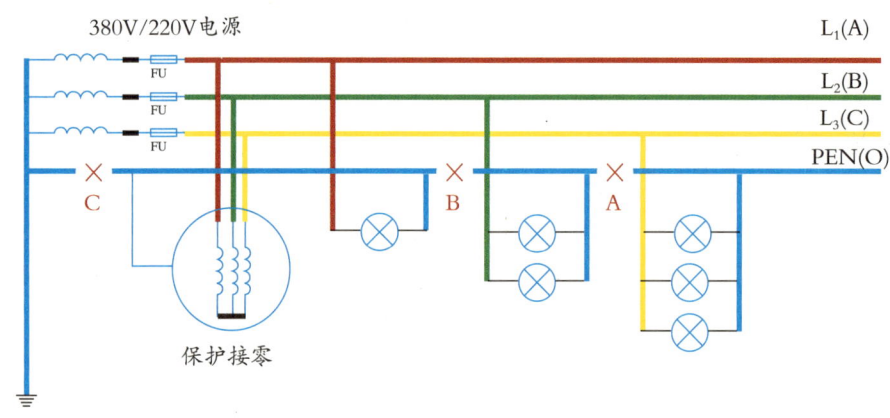

图1-22 三相四线制系统中负荷不平衡时各种情况分析

图1-22为一常见三相四线制供电的系统原理，该系统中接入了三相电动机和白炽灯为负载，模拟日常生产生活中常见的负载情况。A相有1个白炽灯，负载最小；B相有两个白炽灯；C相有三个白炽灯，负载最大；为便于分析，假设了所有白炽灯的功率相同，有三个零线断开点A、B、C，用于分析不同位置断线的后果。

（1）第一种情况是A点零线断线，这时凡在A断开点以后的负载（图中的C相供电的三个白炽灯），工作电压为零，无法工作；在A点之前的是图中的A相、B相负载，是正常工作电压。

（2）当零线在B点发生断线时，接在断开点以后的B相和C相的单相负载相当于串联后接在B、C两相（380 V）上，根据我们前面讲到的串联电路基本知识，造成负载大的C相（电阻小）电压低，负载小的B相（电阻大）电压高。按照图1-22可分析得出，C相负载上的电压为380 V×2/5=152V，B相上的电压为228 V。（如果B相和C相负载一样大，则B相和C相负载各承受电压190 V。）

（3）当零线在C点发生断线时，由于没有零线导通不平衡电流，为维持三相电流的矢量和等于零，其中性点必将向负载大的C相方向位移，造成三相电压不平衡，即负载大的C相电压低，而负载小的A相电压高。按照图1-22中情况分析，C相负载上电压为380 V×1/4=95 V，而A相负载上的电压变为380 V×3/4=285 V；这时A相的负载电器可能会过压烧坏，C相电器不能正常工作。三相负载不平衡程度越严重，中性点位移量越大，三相电压不平衡程度也越严重。

由以上分析可知零线的重要性。在低压三相四线制（380/220 V）供电系统中，由于单相负载的存在，必然造成三相负载不平衡。为保证零线的安全性和可靠性，规程规定零线电流不得超过相线电流的25%，在主干零线上不得装设开关和熔断器，零线的截面不得小于相线截面的1/2。

中性线上有了电流,则其对地就有一定电压,所以为了安全起见,常采用中性线接地。并在用户负载处将中性线再接地,称为重复接地。

在配网工程施工中,如果中性线施工时,没有采用规范的工艺和接线,那么送电后,如果中性线连接不可靠,因某种原因断开,就会导致大量的家用电器烧坏,引发客户投诉,这是常见的供电责任事故。

延伸阅读:

关于相序的符号标识说明

关于相序的符号标识,目前国家有以下常用约定:

1. 三相交流电的相序实际上是指第一相、第二相和第三相,在我国电力系统中通常沿用原苏联电力技术的习惯,约定用 A、B、C(或 a、b、c)来表示三相相序,用字母 O 表示中性点(或零线、中性线)。后来为了与国际接轨,在电气原理图中通常以 U、V、W 表示(也可用 L_1、L_2、L_3 来表示)三相交流电的相序,中性点(或零线、中性线)用 N 表示。对应于原理接线图中的 PEN,一般地用 PE 表示接地,如果是零线接地则表示为 PEN;它们是相互对应的。我们知道它们是一个意思即可。

2. 在电力系统中,为了正确区分三相相序,防止在并网运行、安装接线时造成相序的连接错误,在电力设备上,除了用 A、B、C 字母的相序标示牌来区分,还分别用黄、绿、红三相色来表示相别。另外,三相四线制中的零线用字母 N(或 O)和黑色来表示,接地则用黄绿相间色来表示。

3. 三相交流电路中,各种电气接线、设备的相别和相序必须正确无误地连接,否则会因相序错误造成系统短路故障、三相电机反转等造成事故。因此在电力系统接线前,应正确识别并核对相别和相序;在投运时,要将待运行的设备进行带电检测,核对相序和相别,保证接线是正确无误的。

第一章※思考题

1-1. 设有电阻R_1=20 Ω,R_2=30 Ω,串联后接于总电压为100 V的电源上。求:

(1) 总电流强度和各电阻上的电压。

(2) 若将电阻R_2换成80 Ω,再求总电流强度和各电阻上的电压。

1-2. 一根粗细均匀的电阻丝,其阻值为10 Ω,将其等分为两段再并联使用,等效电阻是多少?

1-3. 额定电压为220 V、额定功率为100 W的用电设备,当实际电压为110 V时,负载实际功率是多少?

1-4. 什么是交流电?其有效值怎样计算?一条6.3千伏的线路最大工作电压是多少?

1-5. 交流电路中,如果其电阻、感抗和容抗均是10 Ω,那么它的总阻抗是30 Ω吗?

1-6. 什么是功率因数?如果一台配电变压器的容量是100 kVA,其负载功率因数$\cos\varphi$=0.8,它的最大负载是多少?

1-7. 有一对称三相负载成星形连接,每相阻抗均为22 Ω,功率因数为0.8,又测出负载中的电流为10 A,那么三相电路的有功功率是多少?

1-8. 配电线路的线电压为10千伏,它的相电压是多少?

1-9. 在三相四线制供电系统中,为什么不允许在中性线上安装熔断器和开关?

1-10. 在三相交流系统中,如果接线时相位和相序不同,有什么后果?

第二章

Dierzhang

电力系统概述

第一节　电力系统的基本概念

一、什么是电力系统？

电力系统：由发电厂中的电气部分、各类变电所及输电、配电线路以及各种类型的用电设备组成的统一体；或者说是由发、变、输、配、用电设备等和相应的辅助系统，按照规定的技术经济要求组成的一个统一系统。具体组成如下：

（1）发电厂：生产电能。

（2）电力网：变换电压、传送电能。由变电所和电力线路组成。

（3）配电系统：将系统的电能传输给电力用户。

（4）电力用户：高压用户额定电压在1 kV以上，低压用户额定电压在1 kV以下。

（5）用电设备：消耗电能。

下图2-1所示为一个完整的电力系统。

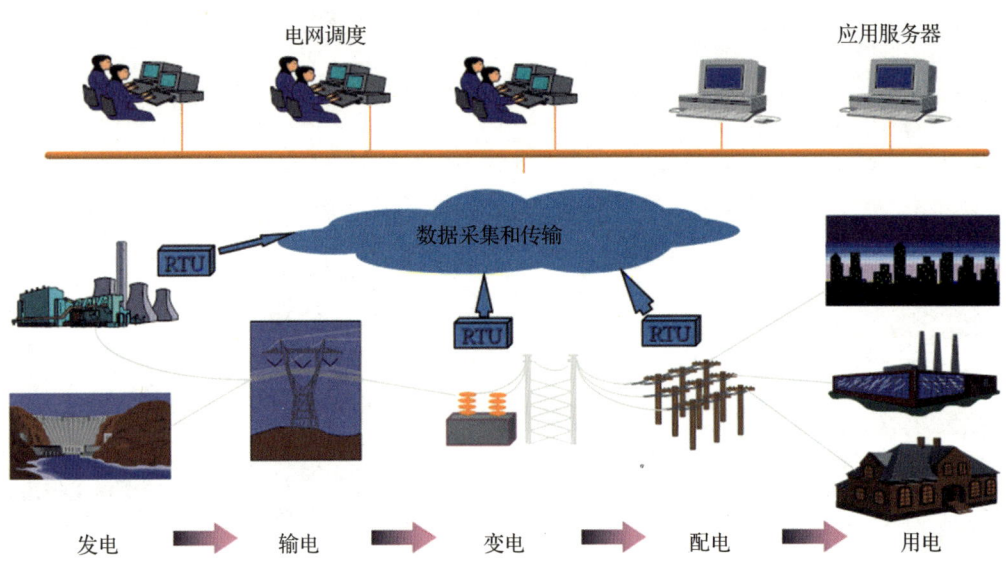

图2-1　电力系统示意图

二、电力系统有什么特点？

1.电力系统与国民经济、人民生活关系极为密切。现代化程度越高，这种影响越大，因此供电的中断或者不足，会造成生产和人民生活紊乱，甚至会引发社会性灾难。

2. 电能不能储存。目前在技术上无法解决电能的大容量、高效率储存问题，电力的生产与消费是一种能量状态的转换，几乎是同时完成的。因此电力系统的运行，要保持发电与负荷之间的平衡；电力生产的各个环节联系紧密，任何一个设备故障均会影响正常运行；电力在规划和建设时应保持先行于工厂、社区等负荷的建设速度。

3. 过渡过程十分短暂。由于电力以光速传播，其变化过程非常迅速，仅靠人工控制是无法实现的，必须借助自动装置对电力系统进行控制，例如继电保护装置、远动装置、减载装置、同期装置、励磁装置等，因此电力系统的控制操作自动化程度高。

三、什么是电力网？

电力网是电力系统中各种电压的变电所及输配电线路组成的统一体。因此，电力网相对于电力系统，没有上端的电源，没有末端的用电设备。

在电力网中，我们通常将发电厂电能送到负荷中心的线路叫输电线路，负荷中心至各用户的线路叫配电线路。负荷中心一般设变电站。

四、什么是动力系统？

动力系统是指在电力系统的基础上，把发电厂的动力部分包含在内的系统。

动力可以包括火力发电厂的锅炉、汽轮机和水力发电厂的水库、水轮机以及核动力发电厂的反应堆，风力发电站的风能，光伏发电的光能等。

以上几个概念我们用图2-2表示如下：

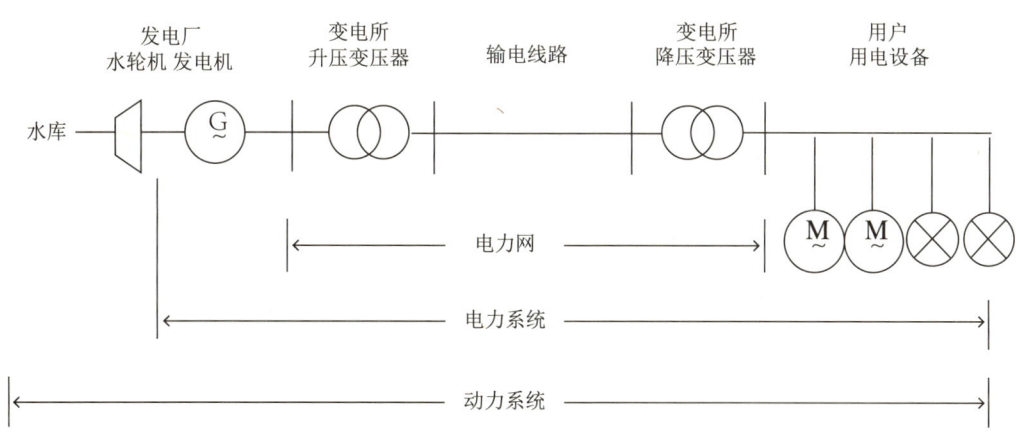

图2-2 动力系统、电力系统、电力网示意图

五、电力系统运行的基本要求

1.保证供电可靠性。

一个现代的电力系统是由极宽阔的地域内的大量电力设备互联在一起形成的,因此应当保证有极高的安全可靠性,能够经受一定程度的干扰和事故冲击,当出现预计的干扰或者事故时,系统能够依靠本身的能力(合理的备用和网架)、继电保护和安全自动装置,辅助以运行人员的正确处置,仍然保持持续供电。当事故严重或者扩大至预计能力以外时,虽然可能失去部分供电能力,但应尽量避免事故扩大,尽快消除事故后果,恢复正常供电。

2.保证电能质量。

电能质量的指标主要有电压、频率和波形。

(1)电压。供电电压必须保持在允许的变化范围之内,我国目前所规定的用户电压允许变化范围是:35 kV及以上,±5%;10 kV及以下,±7%;低压照明,+5%~-10%。

(2)频率。我国电力系统规定的频率是50 Hz,其允许偏差为大系统±0.2 Hz,小系统±0.5 Hz。

(3)波形。电力系统要求供电电压或电流为正弦波,在电能的生产、输送和使用过程中不应使波形产生畸变。

在电力系统中,变压器的铁芯饱和、三相负荷不平衡,整流和逆变、可控硅控制的非线性负荷都会造成电压或者电流的畸变,这种畸变会影响电动机的正常运行,对电子设备和通信装置造成干扰等不良后果。

我国颁布了关于谐波方面的国家标准,对不同电压等级的谐波畸变率及含有量做出了限制,如表2-1所示。

表2-1 谐波电压限值

标称电压 /kV	电压总谐波畸变率 /%	各次谐波电压含有率 /%	
		奇次	偶次
0.38	5.0	4.0	2.0
6	4.0	3.2	1.6
10			
35	3.0	2.4	1.2
66			
110	2.0	1.6	0.8

第二节 电能的传输和电压的变换

一、电能为什么要输送？

我国幅员辽阔，东部地区人口密集，工业发达，用电负荷巨大。西南部有丰富的水力资源，西北部有丰富的燃煤和风力、光伏发电资源，但是经济欠发达，负荷较小。大量的发电厂、电源与东部负荷密集需求区域有着几百、几千公里的距离，这就需要我们采取技术、经济上可行的输送手段，解决发电和消费端的需求问题。

电能的输送方式有两种，一种是交流输电方式，另一种是直流输电方式。

发电厂向用户输送的电能，前面我们已经学习过，可以表示为：

$$W = Pt = \sqrt{3} U_L I_L t \cos\phi$$

式中的 W 为电能，P 为功率，t 为时间，U_L 为线电压，I_L 为线电流。同时我们也知道，

$$P = U^2 / R$$

即功率与电压 U 的平方成正比，与电阻 R 成反比。同样的导线，电阻是一定的，那么提高电压是加大输送功率的有效方式，因此采用高压输电方式可以节约电网建设投资，减少电能损耗。

在电力系统中，我们在发电厂、水电站等电源侧，将电能利用升压变电站转换为高电压，利用高压、特高压，甚至是超高压输电线路输送到负荷密集地区，然后再用降压变电站逐级降低为适合各类用户使用的电压，完成电能的消费，这就需要使用电能的变换和传输技术。

整个系统如图2-3所示。

二、电能的转换

电力系统中，电能的变换主要依靠电力变压器，它有两个作用，一是将电压升高或者降低，二是将不同电压等级的电网相互联系起来。

电力变压器的结构和工作原理，我们将在第四章的第一节中专门讲解，此处作简单论述。变压器是根据电磁感应的原理工作的，它的基本结构是两个或者更多的相互绝

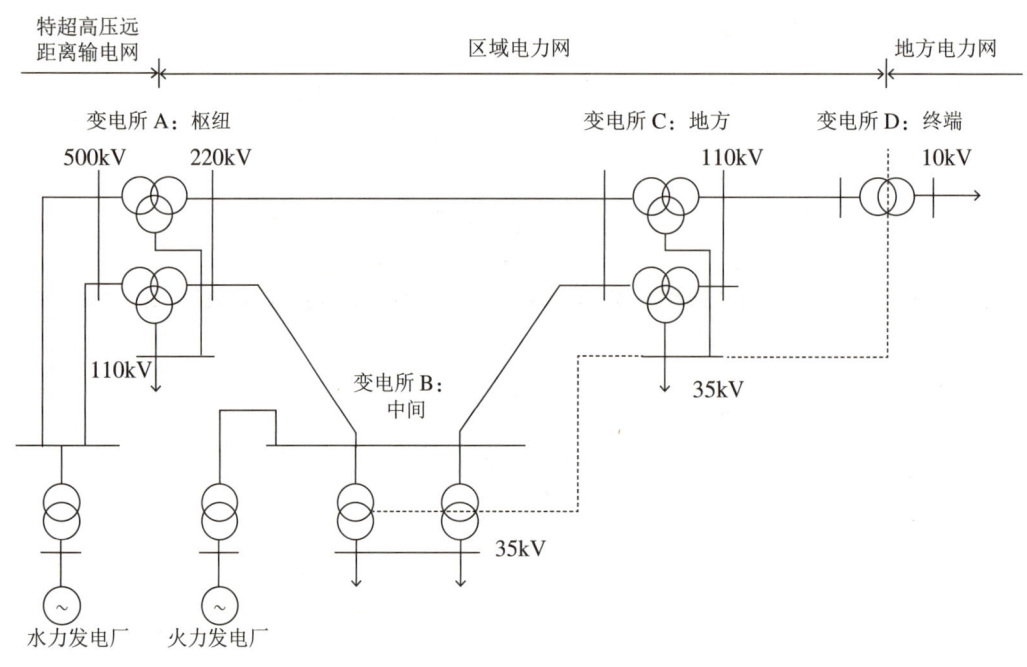

图2-3 电能传输示意图

缘的绕组，绕在一个共同的铁芯上，它们之间存在磁耦合，其基本结构如图2-4所示。

在一次绕组中接通交流电流后，在铁芯中产生交变磁通，这个交变磁通同时通过一次和二次绕组，这样在二次绕组中产生了与一次绕组相同频率的感应电压，二次绕组便可以向负荷供电，从而实现能量的传递。一次和二次绕组的感应电压的大小与该绕组的匝数成正比，因此，我们只需要改变一次或二次绕组的匝数便可以实现改变输出电压大小的目的。这就是电力变压器利用电磁感应作用，把一种电压的交流电能变换成频率相同的另一种电压的交流电能的基本原理。

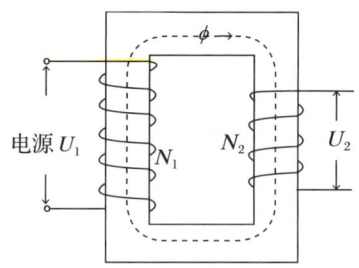

图2-4 单相变压器的工作原理

三、电能的传输

电能的传输需要通过输电线路进行。电力系统中的输电线路按主要结构可分为架空线路和电缆线路两种。有关详细讲解我们将在第五章中进行。

架空线路是将导线架设在杆塔上，利用空气的绝缘性能，将导线在杆塔上用绝缘子固定，在空气中相隔一定的距离，可实现导线之间、导线与大地的绝缘。架空线路结构简单，造价低，可适用于多种环境下运行，从最高电压等级的超高压输电线路，到我们生活生产中常见的低压线路，应用极广泛。

电缆线路一般是将电缆敷设在地下，埋设在土中、沟道、管道中甚至是水底。电缆的结构主要包括导线、绝缘层、保护层三个部分，导线通常采用多股铜绞线或铝绞线，以增加电缆的柔性，使之可以在一定程度内弯曲而不变形。导线的绝缘层经常使用橡胶、聚乙烯、油浸绝缘纸及充油、充气绝缘。

四、直流输电

直流输电是将发电厂发出的交流电经过升压后，以交流系统1送到整流站内，由换流变压器和整流设备变换为直流电，通过输电线路送到逆变站，再经过逆变器和换流变压器变换为交流电，供给受电端的交流系统2，如图2-5所示。

整流器和逆变器，统称为换流设备，它是直流输电系统的关键设备，一般采用可控硅换流元件。

当需要改变直流输电的方向时，只需要将两端的换流器互换工作状态即可。

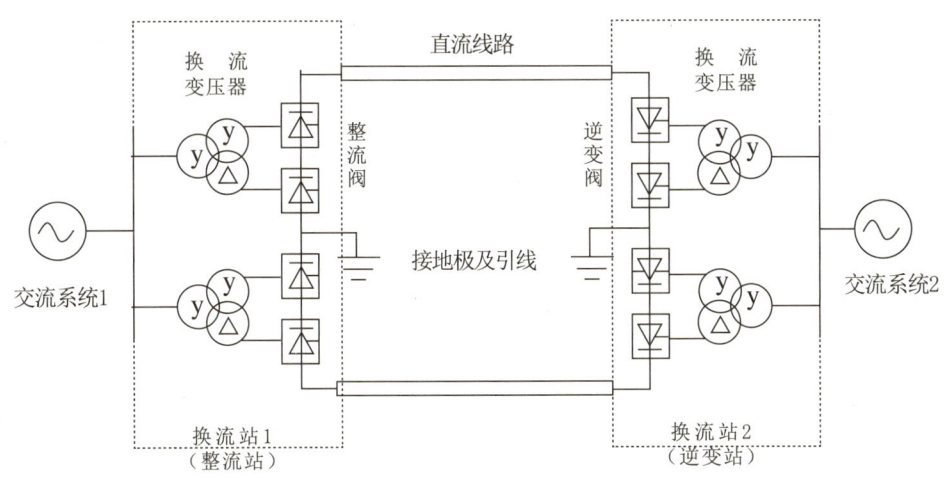

图2-5 直流输电系统示意图

直流输电相比交流输电有以下优点：

（1）造价低。对于架空线路，相同建设费用下，直流输电功率大约是交流输电功率的1.5倍；对于电缆线路，直流输电功率比交流输电功率更大。

（2）运行费用低。在输送功率相同的条件下，直流输电线路比交流输电线路少一根导线，其功率损耗也比之小1/3，电晕干扰也很小。

（3）直流输电不存在稳定性问题。

（4）不需要串联、并联补偿。

直流输电的主要缺点有：换流站造价高；换流站在运行中需要消耗无功功率，并且产生谐波，因此必须装设无功补偿和滤波装置；直流高压断路器制造难度大，造价高。

> **延伸阅读：**
>
> **关于电力系统谐波**
>
> 1. 电力谐波的概念。我们在前面内容里介绍了简谐波形式的交流电，实际上还有许多如图1-8中其他复杂的波形。在电力系统的交流电路中，供电电压也不是理想状态下的正弦波形，而是存在一定畸变的非正弦波形。这些畸变的交流非正弦信号可以分解为不同频率的正弦分量的线性组合。当正弦波分量的频率与原交流信号的频率相同时，称为基波。谐波，从狭义上讲，是指电流中所含有的频率为基波的整数倍的电量，一般是指对周期性的非正弦电量进行傅里叶级数分解，其余大于基波频率的电流产生的电量。从广义上讲，由于交流电网有效分量为工频单一频率，因此任何与工频频率不同的成分都可以称为谐波。当正弦波分量的频率是原交流信号的频率的非整数倍时，称为分数谐波，也称分数次谐波或间谐波。本书受篇幅限制不能详解，初学者对电力谐波的概念可以先掌握一个轮廓，再慢慢深入了解。
>
> 2. 电力谐波的产生和危害。在电力系统中，谐波产生的根本原因是非线性负载所致。主要非线性负载有UPS、开关电源、整流器、变频器、逆变器等。当电流流经负载时，与所加的电压不呈线性关系，就形成非正弦电流，即电路中有谐波产生。另外在变压器或者电机过载运行、三相负荷严重不平衡时也会产生较多的谐波。谐波的主要危害有：使供电线路和用电设备的热损耗增加，严重时损坏；引起继电保护以及自动装置的误动作或拒动，扩大事故；对通信线路和设备产生干扰；对较精密的用电设备造成干扰，例如使计算机、仪器不能正常工作，仪表误差加大，或使产品质量下降。
>
> 3. 谐波的抑制方法。一是改善供电系统，对于供电系统来说，谐波的产生不可避免，但通过加大供电系统短路容量、提高供电系统的电压等级、加大供电设备的容量、尽可能保持三相负载平衡等措施都可以提高电网抗谐波的能力。二是降低谐波源的谐波含量，在线路中对谐波源采取措施，最大限度地避免谐波的产生，这种方法能够提高电网质量，可在很大程度上避免谐波造成的影响。三是在谐波源处吸收谐波电流，这是目前应用最广泛的谐波抑制方法，主要有以下几种：
>
> （1）采用无源滤波器加以抑制。
>
> （2）采用有源滤波器加以抑制。
>
> （3）通过加装静止无功补偿装置加以抑制。
>
> （4）采取措施防止电容器组对谐波的放大。

第三节　电力网络的电压等级和接线

一、电力网的电压等级和设备的额定电压

在上一节，我们知道当电力线路输送的功率一定时，输电电压越高，线路电流越小，导线等截流部分的截面积就能越小，从而投资越少，然而电压越高，对绝缘要求越高，相应地电力杆塔、变压器、断路器等设备的投资也越大。因此对应同一电压等级有一个最合理的输送功率或者输送距离。为保证电力设备产品系列性，需要规定一个标准的电压等级。我国规定的电力网标准的电压等级是指线路的线电压，主要有3、6、10、35、（60）、110、（154）、220、330、500、800、1000 kV。

表2-2列出了主要电气设备的额定电压，以及它们之间的关系。

表2-2　1 kV以上主要电气设备的额定电压

电力系统额定电压/kV	发电机额定电压/kV	电力变压器额定电压/kV		电气设备最高电压/kV
		一次绕组	二次绕组	
3	3.15	3 及 3.15	3.15 及 3.3	3.6
6	6.30	6 及 6.30	6.3 及 6.6	7.2
10	10.50	10 及 10.5	10.5 及 11.0	12
–	13.80	13.80	–	
–	15.75	15.75	–	
–	18.0	18.0	–	
20	20.0	20.0	–	24
–	22.0	22.0	–	
–	24.0	24.0	–	
35		35	38.5	40.5
60		60	66	72.5
110		110	121	126
220		220	242	252
330		330	363	363
500		500	550	550
750		–	–	800

从表中我们可以看到，同一电压等级下，发电机、变压器、用电设备的额定电压有少许差别，原因是：

1.用电设备的额定电压。电力线路在输送功率时，由于线路上存在一定的损耗，所以在线路的首端电压要高于末端电压，这样在线路沿线各处的电压并不相同，线路的额定电压实际上是它的平均电压，各用电设备的额定电压则取与额定电压相等，使所有设备都能在接近额定电压下运行。

2. 发电机的额定电压。 由于用电设备的允许电压偏移为±5%，而沿线路的电压降落一般为10%，这就要求线路始端电压为额定电压的105%，以使其末端电压不低于额定值的95%，发电机往往接在线路始端，因此，发电机的额定电压为线路额定电压的105%。

3. 变压器的额定电压。 变压器一次侧接电源，相当于用电设备；二次侧向负荷供电，又相当于发电机。因此，变压器一次侧的额定电压按用电设备的额定电压来考虑（直接与发电机相连的变压器一次侧的额定电压应等于发电机的额定电压），二次侧的额定电压规定为变压器空载一次侧加额定电压时的二次侧电压。考虑到带负荷时变压器内部有一定的电压降落，所以二次侧的额定电压应高于线路的额定电压。升压变压器二次侧额定电压定为比线路额定电压高10%（一般可认为其中5%为变压器内部漏抗上的压降，另5%为线路首端比额定电压升高的有效值）。

各级电压线路输送能力（送电容量和送电距离）的大致范围如表2-3所示。

表2-3 电力网的额定电压与输送容量及输送距离的关系

额定电压/kV	输送容量/MWA	输送距离/km
3	0.1～1.0	1～3
6	0.1～1.2	4～15
10	0.2～2.0	6～20
35	2～10	20～50
110	10～50	50～150
220	100～300	100～300
330	200～800	200～600
500	1000～1500	150～850
750	2000～2500	500～1000
1000	3000～5000	1000～3000

二、电力网的接线形式

电力网络接线是一个非常复杂的网络，由于一个大的电力网总是由许多的小规模电力网通过发展、相互连接形成，因此分层结构是电力网的一大特点。通常来说，电力网可以划分为一级输电网络、二级输电网络、高压配电网络和低压配电网络等层次。

电力网的接线方式可大致分为无备用和有备用方式两类。

（1）无备用接线方式包括单回路放射式、干线式和链式网络等，如图2-6所示，每一负荷只能靠一条线路获得电能，又称开式网络。这种方式接线简单、经济、运行方便，但供电可靠性差。可以在架空电路上配置自动重合闸装置，在线路故障跳闸后，自动重合一次，有较大概率送电成功，从而在一定程度上弥补上述缺点。

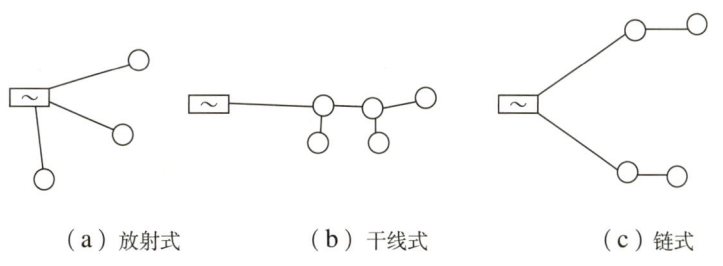

(a) 放射式　　　　　(b) 干线式　　　　　(c) 链式

图2-6 无备用接线方式

（2）有备用接线方式包括双回路式、单环式、双环式和两端供电式等，如图2-7所示，每一个负荷点至少可以通过两条线路从不同方向取得电能，又称闭式网络。有备用接线方式的供电可靠性高，一条线路故障或者检修，一般不会影响对用户的供电，但投资大、操作复杂。以环式供电、两端供电方式较为常见。

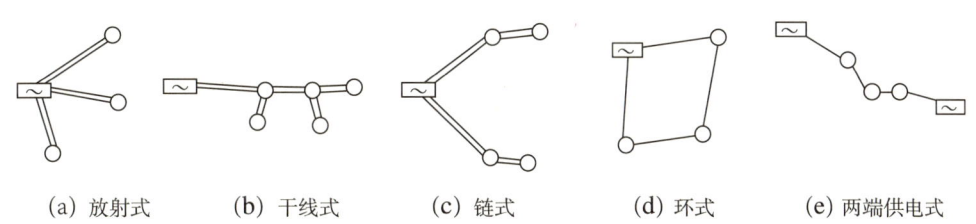

(a) 放射式　　(b) 干线式　　(c) 链式　　(d) 环式　　(e) 两端供电式

图2-7 有备用接线方式

第四节 电力系统的负荷及新能源发电技术

一、电力系统的负荷分类

由于电力可以极为方便地转化为其他形式的能源，所以电力负荷几乎分布在我们能想象的所有领域。电力系统的负荷根据用电特点可以分为照明、电加热、电动力、电化学等，也可以根据行业特点分为工业负荷、农业负荷、交通运输负荷、人民生活负荷等。

1. 照明。作为电力应用之一的照明负荷，大致可分为三种：第一种是由电能转化为热能，然后再转化成光能的光源，如白炽灯等；第二种是利用放电而转化成光能的光源，如荧光灯、高压汞灯、霓虹灯等；第三种是LED光源，简称发光二极管。从物理学角度来理解：当电流通过晶片时，N型半导体内的电子与P型半导体内的空穴在发光层剧烈地碰撞复合产生光子，以光子的形式发出能量（即大家看见的光）。LED光源的能量转化效率非常高，理论上可以达到白炽灯10%的能耗，LED相比荧光灯也可以达到50%的节能效果。目前LED光源器件得到了大量应用，迅速淘汰了前两种发光光源。

2. 电加热。电加热是以电能为能源加热物料，并通过电炉、电焊机等来实现加热的一种方法。电加热时，电能转变成热能，并将已获得的热能用于物料的加热，或进一步完成物料特定的加工工艺过程，如熔炼、热处理、焊接等。

电加热大体上可分成两大类。一类是电能在电炉、电热器具上转变成热能后加热物料；另一类是利用电能驱动热泵，把热能从温度较高的物体输送给温度较低的物体。

3. 电动力。电动力是以电动机作为原动机拖动生产机械运动的一种动力方式，如各种电动机械、自动化设备、电力牵引机车等。

4. 电化学。电化学是一类将电能转换为化学能的装置，例如蓄电池、电动汽车、电解、电镀、电铸、电研磨等。

二、负荷曲线和负荷特性

电力系统负荷随着时间变化的情况，用负荷曲线来描述。我们可按负荷种类分为有功功率负荷曲线、无功功率负荷曲线，如图2-8（a）中，实线所示为有功功率P，虚线为无功功率Q，以百分比的形式表示了两者的变化规律。另外，也可按时间单位分为日负荷曲线、年负荷曲线，如图2-8所示。

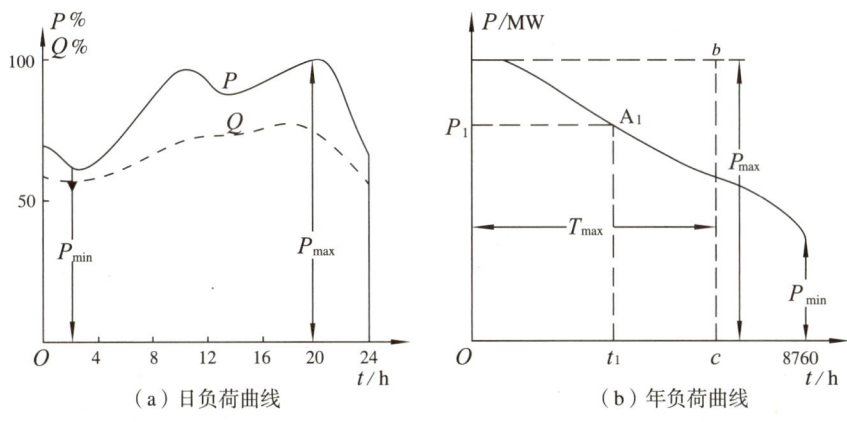

图2-8 负荷曲线

电力负荷的变化具有随机性,但是同一类型的负荷变化有规律可循,比如居民生活负荷会随着人们上下班、白天与夜晚、天气变化的节奏出现负荷高峰,商业、服务业负荷也会随着人流的增加而增加,一般普通工业白天生产,晚上停业,而大工业24小时连续生产,负荷比较稳定。因此电力系统中各用户的最大负荷并不总会出现在同一时间,就是说全系统的最大负荷总是小于各用户最大负荷之和,而全系统的最小负荷也总是大于各用户的最小负荷之和。

为了保证电力系统的运行稳定和经济,发电厂和其他电源希望负荷能够稳定、接近最经济出力状态下运行,因此需要对电力负荷和电厂出力进行调度,尽量减少各用户的负荷高峰或者低谷出现叠加,提高负荷率。比如让一些用户白天停业,利用夜间负荷低谷时生产,这就是错峰用电的意义。为了鼓励这些用户错峰用电,移峰填谷,电力系统利用分时电价的手段来调节用户负荷,负荷高峰时高电价、低谷时低电价。实行两部制电价,提高大工业用户的负荷利用率,也是一种常用电价手段。

三、新能源发电

常规能源发电,是指利用化石燃料(石油、燃煤等)、水能、核裂变进行发电的方式。常规能源发电面临的状况是:资源枯竭和环境污染压力日益沉重,导致气候变暖,化石燃料同时又是宝贵的化工原料。因此利用清洁的、可再生的能源来加以替代,是人类发展的需要。

新能源发电通常指利用太阳能、风能、生物质能、地热和海洋能等一次能源发电的方式。新能源发电技术是多学科、综合性强的高新技术。它的优点是可再生,不会或较少污染环境,缺点是能量密度低、分散。例如太阳能和风能还具有间歇性、随机性问题,因此新能源发电的大规模应用,必须并网运行才能具有经济性。

1.太阳能发电。太阳能发电技术分为两类,我们分类叙述。

（1）将吸收的太阳辐射热能转化为电能的技术，称为太阳能热发电技术。常见的有塔式太阳能热发电系统（图2-9）、抛物面（槽或盘）式太阳能热发电系统。其原理是将太阳能用镜面反射聚集加热熔盐，或者用多个聚热装置加热导热油，进而进行热交换驱动汽轮机和发电机将热能变为机械能和电能。

图2-9　熔盐塔式太阳能光热发电站

（2）太阳能光发电技术以光伏发电为主，利用太阳能电池板，直接将光能转化为电能。光伏发电成本低、工艺简单，但是单体发电功率很小，通常使用太阳能电池组件构成方阵，称为光伏发电机。光伏发电应用灵活，容量可大可小，既可结合城市建筑，在屋面、墙面上布置，解决占地问题；也可以在偏远地区建设，解决无电人口供电问题。在我国西部沙漠大面积建设光伏电站，可充分利用当地丰富的太阳能。光伏发电是最有发展前途的一种新能源技术。

光伏发电系统一般由太阳能电池阵列、防反充二级管、蓄电池组、控制器、逆变器等设备组成，如图2-10所示。

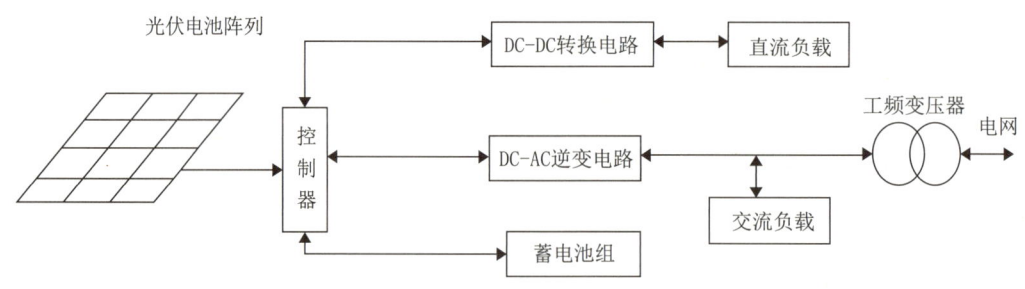

图2-10　太阳能光伏发电系统结构示意图

太阳能电池阵列，一般由多个电池板组合形成，根据地形和布置需要组合成为不同的形状，发电功率可以是几瓦到几百瓦不等，可以组成不同规模的发电系统。

防反充二极管可以单向通电，用来防止蓄电池在无日照时通过太阳能电池放电。

蓄电池的作用是存储太阳能电池阵列在受到光照时发出的电能，并可随时向负荷供电，主要是免维护型铅酸蓄电池、碱性蓄电池。

控制器也称为充放电控制器，主要作用一是防止蓄电池过充电和过放电，二是配合数据采集设备和自动监控系统来平衡系统能量，维持系统正常工作。

逆变器用于将直流电变换为交流电，以方便并网或者直接供给交流负荷使用。如果存在直流负荷，还可能配置直流变换器，将发出的直流电能变换为适用于直流负荷的电压，供其使用。

图2-11为我国西部建成投运的一座光伏发电站。

图2-11 太阳能光伏电站

2.风力发电。 风能是世界上最丰富的能源资源之一，我国是风能大国，在西部和北部储量最丰富。风力发电机最常见的是水平轴式，安装在高大的塔架上，设有自动对风装置，使风机随风向改变转动，变桨调节系统能根据风力大小自动旋转调节桨叶迎风角度，在不稳定的风速风向下，发电机也可保证有相对稳定的转速和输出。风力发电机的结构如图2-12所示。

风力发电是清洁能源发电，没有排放物，实际占地少，既能在平原地区建设，也可在山区、浅海、沙漠上建设，无人值守，运行简单。因此我国近年来风能发电迅速发展，风电建设和运行成本持续下降，随着建设规模扩大、技术进步，其经济性已经接近于燃煤发电。

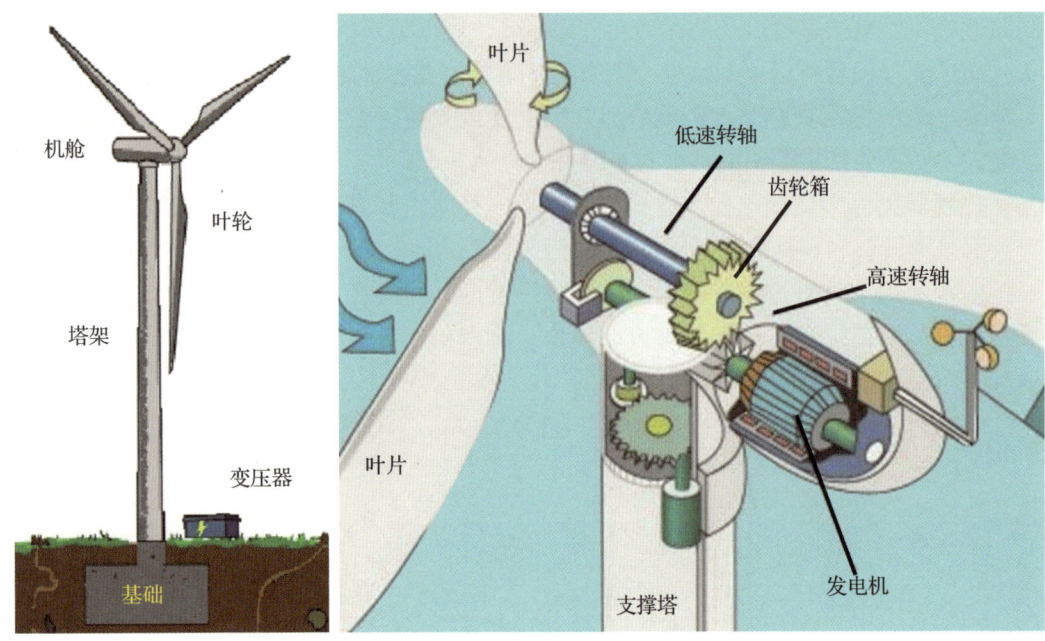

图2-12 风力发电机结构示意图

常见的风力发电厂有多台风力发电机,单机容量可以从几十千瓦到几兆瓦,将几十台到几千台单机按一定的阵列布局方式安装组成发电机群体,发出的电能全部经变电设备送往大电网,形成大规模、经济开发利用风能的高效率模式。

图2-13 风力发电厂

实际上，光伏发电和风电出力过程均具有不可调控性，光伏有明显的昼夜更替性并且出力平稳，风电每日的出力过程则变化随机。但是两者之间一定程度上有自然互补性，国内有研究表明将二者综合规划、优化建设后，可以有效提高发电出力效率，减少弃风、弃光比例，降低单位造价。

3. 其他新能源发电技术。

（1）生物质能发电。生物质能是绿色植物通过叶绿素将太阳能转化为化学能而储存在生物质内部的能量，本质上还是太阳能，因此是可再生能源。利用生物质能发电的方式，有垃圾发电厂、沼气发电厂、秸秆发电厂等，规模不大。

（2）地热发电。利用地热资源，有地下过热蒸汽、地下热水、干热岩等，转化并驱动汽轮发电机而发电。

（3）海洋能发电。有潮汐能、海水温差能、海水浓度差能发电，一般规模较小，不具有经济性。

第二章 ※ 思考题

2-1. 什么是电力系统？电力系统有什么特点？
2-2. 供电质量有哪些主要指标？
2-3. 电能的输送方式有几种？各有什么特点？
2-4. 提高输电电压的意义是什么？
2-5. 电力网的接线方式有几种？举例说明。
2-6. 电力负荷有几类？各有什么特点？
2-7. 新能源发电主要有几类？

第三章

Disanzhang

电气设备的接地

第一节　电气接地的分类及作用

一、电气接地的含义及分类

电气设备或设施的任何部位（不论带电与不带电），人为地或自然地与具有零电位的大地相接通的方式，便称为电气接地（简称接地）。

接地的分类大体如下：

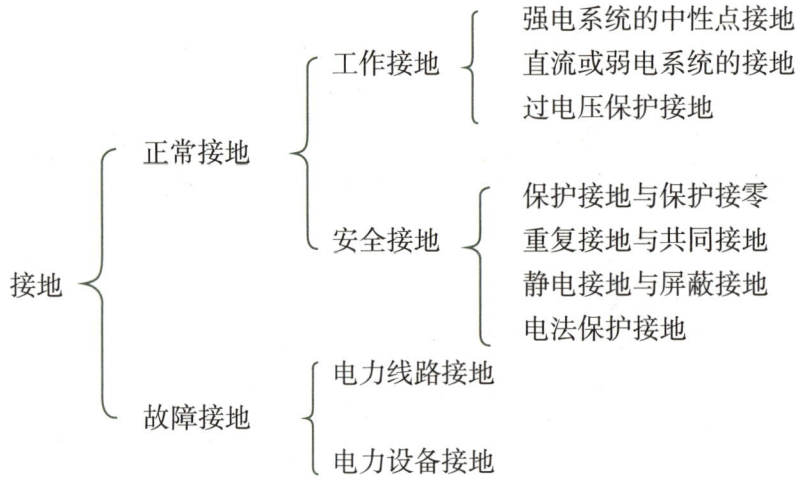

（1）按照接地的形成情况，可以将其分为正常接地和故障接地两大类。前者是为了某种需要而人为地造就的，后者则是由各种外界或自身因素自然造成的。

（2）按照接地的不同作用，又可将正常接地分为工作接地和安全接地两大类。

工作接地通常有以下三种情况：

①利用大地作回路的接地。此时，正常情况下也有电流通过大地。如直流工作接地、弱电工作接地等。

②维持系统安全运行的接地。正常情况下没有电流或只有很小的不平衡电流通过大地。如110 kV以上系统的中性点接地、低压三相四线制系统的变压器中性点接地等。

③为了防止雷击和过电压对设备及人身造成危害而设置的接地，即过电压保护接地，也叫防雷接地。

安全接地主要包括：为防止电力设施或电气设备绝缘损坏危及人身安全而设置的保护接地；为消除生产过程中产生的静电积累引起触电或爆炸而设的静电接地；为防

止电磁感应而对设备的金属外壳、屏蔽罩或屏蔽线外皮所进行的屏蔽接地；以及为了防止管道受电化腐蚀，采用阴极保护或牺牲阳极的电法保护接地等。

二、工作接地的应用

1. 工作接地的作用。

由于电气运行和安全需要，为保证电力网在正常情况或事故情况下能可靠地工作，而将电气回路中某一点实行的接地，称为工作接地。如电源（发电机或变压器）的中性点直接接地，或经消弧线圈接地、电压互感器一次侧中性点的接地等，都属于工作接地。强电系中，各种工作接地的主要作用是：

（1）变压器和发电机的中性点直接接地，能维持相线对地的电压不变（故障相除外），并可降低人体的接触电压，适当降低制造时对电气设备的绝缘要求。在变压器供电时，可防止高压电窜至低压用电侧的危险。

（2）变压器或发电机的中性点经消弧线圈接地，可在发生单相接地故障时，消除接地短路点的电弧及可能引起的危害。

（3）仪用互感器如电压互感器一次侧线圈的中性点接地，主要是为了对一次系统中的对地电压进行测量。

2. 低压配电网中性点接地的优点。

（1）正常供电情况下能维持相线的对地电压不变，从而可向外（对负载）提供220/380 V这两种不同的电压，以满足单相220 V（如电灯、电热）及三相380 V（如电动机等）不同用电需要。

（2）若中性点不接地，则当发生单相接地情况时，另外两相的对地电压便升高为相电压的$\sqrt{3}$倍。而中性点接地后，另两相的对地电压便仍为相电压。这样，既能减小人体的接触电压，同时还可适当降低对电气设备的绝缘要求，利于制造及降低造价。

（3）可以避免高压电窜到低压侧的危险。实行上述接地后，万一高低压线圈间绝缘损坏而引起严重漏电甚至短路，高压便可经该接地装置构成闭合回路，使上级保护动作跳闸切断电源，从而避免低压侧工作人员遭受高压电的伤害及造成设备损坏。

3. 中性点（线）与零点（线）的区别。

中性点有电压中性点与负载中性点之分。它只是在三相电源或负载按Y形连接时才出现。对电源而言，凡三相线圈的首端（或尾端）连接在一起的共同连接点，称电源中性点，简称中点；而由电源中性点引出的导线便称中性线，简称中线，且常用"N"表示，见图3-1。

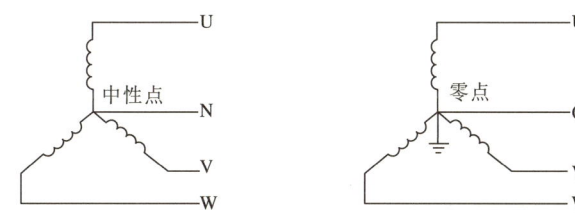

（a）三相四线制中性点不接地系统　（b）三相四线制中性点接地系统

图3-1　中性点与零点、中性线与零线的区别

当电压中性点与接地装置有良好连接时,因已取得了大地的零电位,该中性点便称零点;由零点引出的导线称零线,常用"N"表示(有时也表作"O")。

通常对220 V单相回路的两根线,也将其中一根称为"相线"或"火线"(用L表示;三根相线则分别用U、V、W或L_1、L_2、L_3表示),而将另一根称"零线"或"地线"。"火线"与"地线"的称法,只是实用中的一种俗称,其实"地线"的称法在这里并不确切。严格地讲应是若该线的电源侧(三相配电变压器中性点)接地,则称"零线";若不接地,则称"中线",用以避免与接地装置中的"地线"相混淆。

三、保护接地的应用

为了保障人身安全,避免发生触电事故,将电气设备在正常情况下不带电的金属部分(如外壳等)与接地装置实行良好的金属性连接,这种方式便称为保护接地,简称接地。它是一种防止触电的基本技术措施,实用中相当普遍。

当电气设备由于种种原因造成绝缘损坏时就会产生漏电,或是带电导线碰触机壳时,都会使本不带电的金属外壳等带上电(具有相当高或等于电源电压的电位)。若金属外壳未实施接地,则操作人员碰触时便会发生触电;如果实行了保护接地,此时因金属外壳已与大地有了可靠而良好的连接,便能让绝大部分电流通过接地体流散到地下。

若人体触及漏电的设备外壳,因人体电阻与接地电阻相并联,且人体电阻比接地电阻大(起码200倍以上),由于分流作用,通过人体的故障电流将远比流经接地电阻的要小得多,对人体的危害程度也就极大地减小了,如图3-2所示。

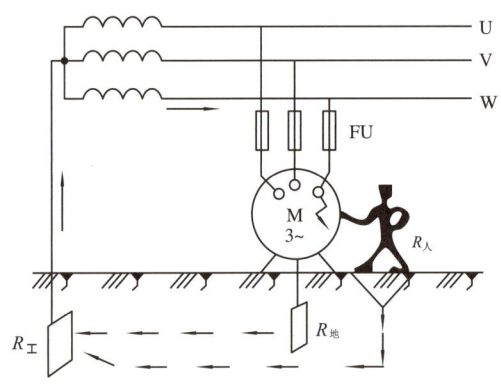

图3-2 保护接地示意图

此外,在中性点接地的低压配电网络中,假如电气设备发生了单相碰壳故障,在实行了保护接地时,由于电源相电压为220 V,如按工作接地电阻为4 Ω,保护接地电阻为4 Ω计算,则故障回路将产生27.5 A[220/(4+4)]的电流。一般情况下,这么大的故障电流定会使熔断器(FU)熔断或自动开关跳闸,从而切断电流,保障了人身安全。

但保护接地也有一定局限性，一般规定故障电流必须大于熔丝额定电流的2倍或开关的额定电流，才能保证使熔丝熔断或自动开关跳闸。若电气设备容量较大，所选用的熔丝或开关的额定电流超过了规定数值，则此时便不能保证切断电源，进而也就无法保障人身安全了。所以，接地保护存在着一定的局限性。

四、保护接零的应用

将电气设备在正常情况下不带电的金属部分用导线直接与低压配电系统的零线相连接，这种方式便称为保护接零，简称接零，如图3-3所示，与保护接地相比，能在更多的情况下保证人身安全，防止触电事故。

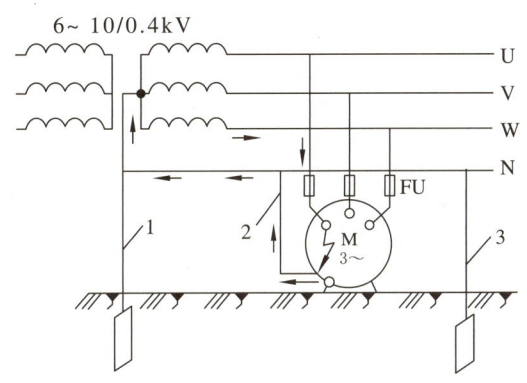

1——工作接地；2——保护接零；3——重复接地

图3-3 保护接零、工作接地、重复接地

在实施上述保护接零的低压系统中，电气设备一旦发生了单相碰壳漏电故障，便形成了一个单相短路回路。因该回路内不包含工作接地电阻与保护接地电阻，整个回路的阻抗很小，因此故障电流必将很大，足以能保证在最短的时间内使熔丝熔断、保护装置或自动开关跳闸，从而切断电源，保障了人身安全。

显然，采取保护接零方式后，可扩大安全保护的范围，同时也克服了保护接地方式的局限性。在低压配电系统内采用接零保护方式时有以下要求：

（1）三相四线制低压电源的中性点必须良好接地，工作接地电阻值应符合要求。

（2）在采用接零保护方式的同时，还应装设足够的重复接地装置。

（3）同一低压电网中（指同一台配电变压器的供电范围内）在选择采用保护接零方式后，便不允许再（对其中任一设备）采用保护接地方式。

（4）零线上不得装设开关和熔断器。零线的敷设要求应与相线一样，以免出现零线断线故障。

（5）零线截面应保证在低压电网内任何一处短路时，能够承受大于熔断器额定电流2.5~4倍及自动开关额定电流1.25~2.5倍的短路电流，且不小于相线载流量的一半。

（6）所有电气设备的保护接零线，应以"并联"方式连接到零干线上。

必须指出，在实行保护接零的低压配电系统（简称接零系统）中，电气设备的金属外壳在正常情况下有时也会带电。产生这种现象的原因主要有：

①三相负载不平衡时，在零线阻抗过大（线径过小）或断线的情况下，零线上便可能会产生一个有麻电感觉的接触电压。

②保护接零系统中有部分设备采用了保护接地时，若接地设备发生了单相碰壳故障，则接零设备的外壳便会因零线电位的升高而产生接触电压。

③当零线断线又同时发生了零线断开点之后的电气设备单相碰壳时，零线断开的所有接零设备便会带有较高的接触电压。

（7）保护接地与保护接零不可混用，在由同一台配电变压器或同一段母线供电的低压配电系统内，只应选择采用同种保护方式，或者全部采用保护接地，或者全部采用保护接零，而不能同时采用保护接地和保护接零这两种不同的方式。

如果同时采用了接地与接零两种保护方式，如图3-4所示，若实行保护接地的设备（如M_2）发生了碰壳故障，则零线的对地电压将会升高到电源相电压的一半或更高。这时，实行保护接零（因直接与零线相接）的所有设备（如M_1）上，便会带有同样高的电位使设备外壳等金属部分呈现较高的对地电压，从而危及操作人员安全。所以同一低压配电系统内，保护接零、保护接地这两种不同方式一定不能混用。

电气设备究竟应采用保护接零，还是保护接地方式，主要取决于配电系统的中性点是否接地、低压电网的性质及电气设备的额定电压等级。

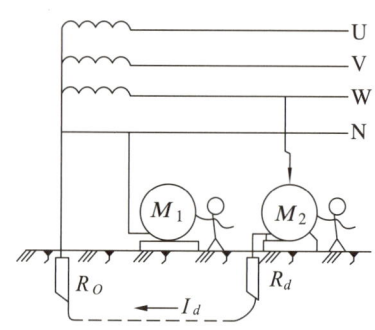

图3-4 同一配电系统内，保护接地与保护接零混用

在中性点有良好接地的低压配电系统中，应优先选用保护接零方式（同时要进行重复接地）。大多数工厂企业（包括乡镇企业）都由单独的配电变压器供电，故均属此类。但下列情况除外：凡属城市公用电网（即由同一台配变供给好些用户用电的低压网络）供电的，应采用同一种保护方式，且常是统一实行保护接地。

在农村配电网络内，因不便于统一与严格管理等原因，为避免接零与接地两种保护方式混用而引起事故，所以规定一律不实行保护接零，而采用保护接地方式。

在中性点不接地的低压配电网络中，应采用保护接地方式。对所有高压电气设备，一般都是实行保护接地。

五、零线重复接地的作用

在中性点直接接地的低压配电系统中，为确保接零保护方式安全可靠，防止零线所造成的危害，系统中除工作接地外，还必须在整个零线的其他部位再进行必要的接地，这种接地称为重复接地。事实上，保护接零本身就包含着必须重复接地的要求。

须进行重复接地的处所有：

（1）架空线路或分支线的首端与终端处。

（2）无分支的架空线路的沿线每隔1 km处。

（3）电缆或架空线路引入屋内的进线处（距接地点不超过50 m者除外）。

（4）车间内零干线的终端处，以及零干线很长时，其中间的适当部位处。

（5）屋内设备接地时，应将零线与所有低压开关等设备及控制屏的接地装置相连接。

若未实行重复接地，如图3-5所示，则当零线断线而同时又发生某一设备（如电动机M_2）碰壳（W相绝缘损坏）时，断线处（M_1）后边所有用电设备（如M_3）的外壳上，虽在自身并无故障的情况下，也会出现较高的对地电压（为电源一相对地电压U=220 V），将严重威胁人身安全。

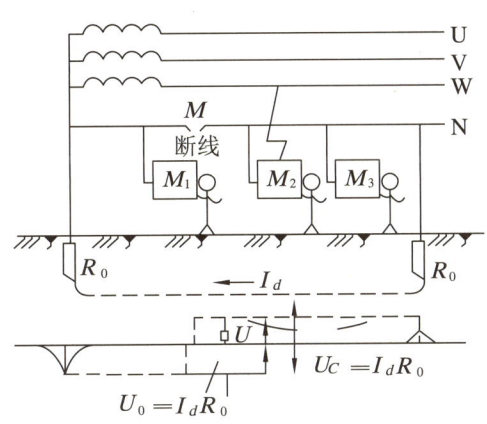

图3-5 有重复接地时的零线断线情况

实行零线重复接地后（重复接地电阻为R_0），M_3外壳的对地电压U_C便可大为降低（仅等于故障电流I_d与R_c的乘积），若$R_c=R_0=4\ \Omega$，则U_C便只为电源相电压的1/2，从而可减小触电的危险程度；且由于此时已沟通了故障电流回路，I_d也就可能会开启保护动作而切断电源。

六、共同接地

1.变压器的铁芯与外壳要同时接地。

变压器运行时，铁芯及其各种连接的金属结构都处于线圈所产生的强磁场中。如果铁芯不与箱体（外壳）同时接地，则由于强磁场的作用，会使铁芯与箱体间存在较高的电位差，很可能由此形成间隙放电，这是不允许的。铁芯和箱体若实行了同时接地，就可保证它们始终都处于相同电位。这种将若干电气设备须实行接地的不同部位同时接地的方式，称为共同接地。

实用中对于铁芯的接地常采用"一点接地"方式。这是出于各矽钢片间要求相互绝缘以限制涡流来考虑的。若将整个铁芯接地，各片间就互相连通，势必产生很大涡流。由于片间绝缘相对来说比较薄弱，它虽能阻止涡流，但却不能阻挡高压静电的泄漏。所以当实行一点接地方式后，对于感应高电压来说，实际上相当于将整个铁芯接地了。

2.配电系统的三点共同接地。

配电系统中，为防止架空配电网的过电压危害，将变压器中性点、变压器外壳及避雷器的接地引下线，三者共同与一个接地装置相连接。这种方式，称为配电系统的"三点共同接地"。

如果不实行这种三点共同接地的方式，则当雷电流经过避雷器及接地装置泄入大地时，避雷器上的残压和雷电流在接地装置上所产生的电压降，将通过接地体加到变压器的外壳与绕组上，使变压器承受超出其额定电压很多倍的高电压，这就很可能会导致变压器绕组绝缘损伤，甚至造成击穿。

三点共同接地后，当避雷器动作时，加在变压器绕组及外壳上的电压就只有避雷器上的那部分残压，减少了接地装置上的那段电压降，从而能够保障变压器安全运行。

七、实行保护接地或接零的设备

1.应实行接地或接零的设备。

凡正常情况下不带电，当绝缘损坏或其他特殊情况下可能带电的电气与机械设备的金属部分，都应该实行保护接地或接零。具体有：

（1）电动机、变压器、电器的外壳及操作机构。

（2）配电盘、控制屏及变配电所的金属构架与金属遮栏。

（3）电线、电力电缆的金属保护管和金属包皮，电缆端头与中间头的金属包皮，以及母线的外罩与保护网。

（4）电焊用变压器、互感器的二次线圈及局部照明变压器的二次线圈。

（5）照明灯具、电网及电热设备的金属底座与外壳。

（6）避雷针、避雷器、保护间隙和耦合电容器底座，架空地线及线路的金属杆塔。

（7）超过安全电压，但未采用隔离变压器的手持电动工具或移动电动工具的外壳等。

2.可不实行接地或接零的设备。

凡下列设备或属下列情况的电气与机械等设备,可以不实行保护接地或接零。

(1)采用安全电压或低于安全电压的电气设备(规程内另有专门规定的除外)。

(2)装在配电屏、控制屏上的电气测量仪表、继电器与低压电器的外壳。

(3)架空线路及户外变电所杆上的绝缘瓷瓶的金具。

(4)在已接地金属构架上的支持绝缘子与套管的金具。

(5)在常年保持干燥且用木材、沥青等绝缘较好的材料铺设地面时,其室内的低压电气设备(包括与它有金属性连接的机械设备等)的外壳。

(6)控制电缆的金属外皮和电压为220 V及以下蓄电池室的金属框架。

(7)厂区内的运输轨道,放置在一定高度、工作时需用木梯才能触及的设备,以及站在绝缘台上进行工作或操作的电气设备外壳等。

第二节　接地装置组成及配电设备的接地

一、电气设备接地装置的组成

电气设备的接地组成部分在各种接地形式中大致相同，随着接地系统范围不同而稍有差异。电气设备接地的基本组成部分如图3-6所示。

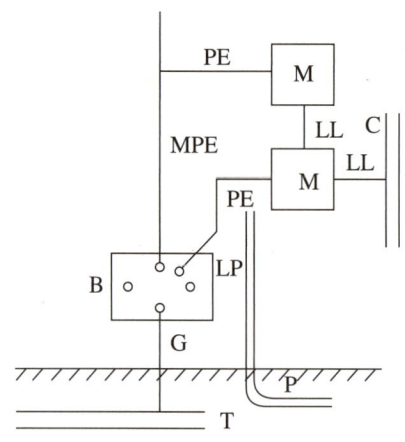

图3-6　电气设备的接地组成

1.**接地极（T）**：与大地紧密接触，并用来与大地发生电气接触的一个或一组导体。

2.**外露导电部分（M）**：电气设备能触及的导电部分。正常时不带电，故障时可能带电，通常为电气设备的金属外壳。

3.**外部导电部分（C）**：不属于电气设备的导电部分，但可引入电位，一般是地电位，如建筑物的金属结构。

4.**主接地端子板（B）**：一个建筑物或部分建筑内各种接地（如工作接地、保护接地）端子和等电位联结线端子的组合；如成排排列则称为主接地端子排。

5.**保护线（PE）**。将下列任何部分作电气连接的导体：外部导电部分、外露导电部分、主接地端子板、接地极、电源接地点或人工接地点；其中连接多个外露导电部分的导体称为保护干线（MPE）。

6.**接地线（G）**：将主接地端子板或外露导电部分直接接到接地极的保护线。连接多个接地端子板的接地线称为接地干线（MT），MT用于大的接地系统，图3-6中未示出。

7. 等电位联结线：将保护干线、接地干线、主接地端子板、建筑物内的金属管道（如图3-6中的金属水管P）以及可作利用的金属构件、集中采暖管和空调系统的金属管道连接起来的导体称为主等电位联结线（LP）。如上述联结线只用于一套电气设备、一个场所，则称为辅助等电位联结线（LL）。等电位联结线在系统正常运行时不流通电流，只有在故障时才流过故障电流。

电气设备的接地主要根据电气系统的中性点工作制决定。在发电站及变电所内，除旋转电机及变压器外，还有很多配电设备，这些设备有的需要工作接地，有的需要保护接地，也有的既需要工作接地，又需要保护接地。同时在发电站和变电所内，由于电气设备较多，除考虑个别电气设备的接地外，还要考虑整个站、所的接地，因此情况比较复杂。

二、电机的接地

与架空线连接的旋转电机，包括发电机、调相机、变频机及电动机，为了防止雷击的破坏，根据其容量的大小、雷电活动的强弱以及供电可靠性的要求，应采取以下的接地措施：

（1）对于单机容量为25~50 MW的旋转电机，在架空线进口相隔70 m处装设避雷器，该避雷器的接地端用导线连接，并将该导线悬挂在杆塔相线下2 m处，且与进线电缆的金属外皮在杆塔处共同接地，接地电阻不超过5 Ω。为了充分利用电缆外皮的分流作用，应将进线电缆埋设在土中，如埋设电缆的长度小于50 m，应将电缆的两端接地，并在两端间作3到5点接地。进线电缆的外皮应与发电站的总接地网相连，连接点应选择在尽量靠近发电机外壳的接地点。如在进线处，应将避雷器的接地端与电缆外皮和避雷线连接后共同接地，接地电阻不应超过3 Ω。对于单相容量在6 MW以上、25 MW以下的电机，且年平均雷电日在40天以上的地区，也可采用上述的接地方法。

（2）在年平均雷电日在40天以上，单机容量为6~25 MW时，除了管型避雷器的接地导线只需与进线电缆外皮相连（即不需要杆塔处进行接地），其他接地方法与上述相同。如电缆首端的短路电流较大，则可在架空线进口相隔150 m处装设两只避雷器，靠近进线电缆的避雷器的接地线与电缆外皮相连。两只避雷器的接地电阻均要求不大于3 Ω。

（3）对于6 MW以下的电机以及年雷电日在15天以下地区的旋转电机，主要是利用架空进线的电感来限制进入电厂的雷电流。进线保护段的长度：对于3 kV及6 kV线路，其值应大于200 R_d；对于10 kV线路，其值应大于150 R_d；R_d为接地电阻值，以欧计。一般进线保护段的长度在300~600 m比较经济合理。如计算所得的进线保护段太长，可增加一组避雷器，此时R值可按实际接地电阻的一半来考虑。

（4）对于与架空线路直接连接的旋转电机，包括采用架空线供电至泵房的大容量高压电动机，如能引出中性点，应在中性点上装设避雷器，并将避雷器接地。

（5）发电机并列运行时，一般不采用共同接地，以免当其中一个发电机因发生故障将接地开关切断，可能成为不接地系统而造成事故。如发电机容量在100 kVA以下且供电对象要求不高，可采用共同接地，但发电机规格如不相同，为了避免环流影响以致接地开关操作不正确，还必须采用个别接地。

三、变压器的接地

变压器接地要求与系统要求完全相同，因此其接地方式与接地电阻等的计算与选择，也和系统完全一样。当变压器为"Y-Y"接线及"Y-△"接线时，一般均将"Y"侧的中性点接地。当变压器为"△-△"接线时，根据系统要求，在其一侧经接地变压器接地或经适当的电压互感器接地；在合乎安全运行的条件下，也有将"△"接线中的一点接地的。

低压电力网一般是由中性点不接地的3、6及10 kV系统经过降压变电器供电。如果变压器低压侧为中性点不接地系统，根据运行经验证明，曾经发生过变压器内部高低压线圈间绝缘损坏，以致高压窜到低压回路上，使得低压系统中的电气设备的绝缘大量击穿而造成人身事故。为了防止这种情况，必须在中性点不接地低压系统中采用中性点或相线经过击穿保险器接地。当高低压间绝缘损坏，高压加于低压线圈时，击穿保险器便击穿，使低压线圈直接与地相连而消除危险。如变压器低压侧线圈为"Y"接线，则将击穿保险器接于变压器中性点；如变压器为"△"接线，则接于其中一根相线上。如变压器低压侧系统为接地系统，则变压器低压线圈应为"Y"接线，为了防止事故，中性点必须接地。无论中性点直接接地还是经击穿保险器接地，接地电阻均不得超过4 Ω，同时还必须满足高压方面的接地要求。

对于三线圈变压器，当低压线圈开路运行时，由于静电感应可能损坏低压线圈的绝缘，此时应将低压线圈的一相出线临时接地或经避雷器接地。配电变压器的防雷保护接线具体要求如下：

（1）一般要求避雷器安装在跌开式熔断器和变压器之间，阀型避雷器要求尽量靠近变压器安装，距离越近越好。

（2）避雷器的接地线应与变压器低压绕组中性点及变压器金属外壳连接在一起共同接地，亦称作"三位一体"的接地方式，这种接法的目的是保证当变压器高压侧受雷击引起避雷器放电时，变压器主绝缘所承受的电压仅是避雷器的残压，而接地装置上的电压并不作用在变压器主绝缘上，使避雷器与变压器得到较好的绝缘配合，能减少高、低压绕组间和高压绕组对变压器外壳之间发生绝缘击穿的危险。

（3）对于低压，架空线路引出3～10 kV，Y，yn0配电变压器，为防止低压侧落雷造成绝缘击穿事故，要求在配电变压器低压出线上安装一组低压避雷器，这样不仅用来保护变压器的低压绕组，同时还能保护当雷电波从低压绕组折换到高压绕组时，不致使高压绕组绝缘损坏，如图3-7所示。

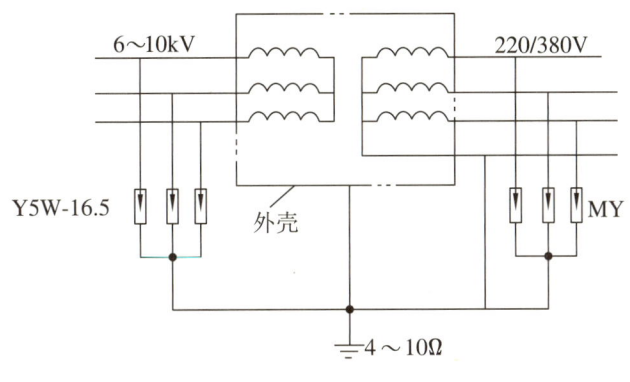

图3-7 6～10 kV，Y，yn0变压器的反变换防雷接线

四、配电设备的接地

在发电站及变电所内，发电机、变压器、配电装置和其他电气设备的底座与外壳，电气设备的传动装置的金属结构及底座，控制设备的金属构架等在正常时均不带电，但当绝缘损坏时，可能出现对地电压，因此都必须接地。

电流互感器和电压互感器的二次线圈，当绝缘损坏时，可能带有高电压，因此也必须接地。接地点应尽可能直接靠近这些设备的出线端子处，或与接地干线有非常牢固的连接。假如接地可能引起继电保护装置误动作，如连接几组互感器的复杂装置，则可不接地但容许经击穿保险器或避雷器接地。

当电气设备的元件安装在金属构架上，如其间有可靠的金属接触，则只须将这些构架接地，在其上的电气设备元件可不必接地。

测量表计、继电器及安装在配电盘、配电箱内和配电室墙上的电气设备的外壳，因为所有从互感器出来的回路都已接地，而且当表计直接接入一次回路时，只有经常监视的熟练人员才可接触，同时大部分维护工作都在绝缘台上进行，因此这些设备的外壳不必接地。为了防止由架空线路侵入雷电对配电装置造成危害所采用的避雷器，应装设在每组母线上，并且尽可能经最短的连接线接到配电装置的总接地网上。又为了降低接地网的电感压降，最好在避雷器附近加装集中接地装置。

五、配电线路的接地

1. 架空线路的接地。

在架空线路中，一般采用铁塔、钢筋混凝土杆或木杆。当采用铁塔或钢筋混凝土杆时，如相线与杆塔发生短路，此时接触到杆塔就很危险。为了保证人身安全，就必须根据不同的接地系统采取以下的接地措施：

（1）在1000 V以上的大接地电流系统中，包括直接接地系统在内，当相线与杆塔发生短路时，保护设备能将故障线段迅速切断，正好在此时，人与杆塔接触的机会也很少。因此不必按短路电流来计算接地电阻，只要采用环路式或放射式接地以均衡电位和减少跨步电压就可以了。

（2）在1000 V以上小接地电流系统中，包括不接地系统在内，对于没有避雷线的20～60 kV系统，如中性点经消弧线圈接地或单相短路电流不大于10 A，为了减少雷击所引起的多相短路事故，应将杆塔接地。对于电压为35 kV或以上的线路，如装有避雷线或避雷器，则这些杆塔也应该接地。对于3～20 kV线路，如通过居民区，因人接触的机会较多，为了减少危险，也需要接地。

（3）在1000 V以下的线路中，由于铁塔或钢筋混凝土杆总是通过居民区，在接零系统中应将杆塔与零线相连，在中性点不接地系统中，要采取接地措施。

凡是需要接地的杆塔，其上的避雷线、金属横担与绝缘子固定部分，都应有可靠的连接和接地。当杆塔与横担有可靠的电气连接时，可以用铁塔的金属结构或钢筋混凝土杆内的钢筋作为接地引下线。如不能利用这些自然接地导体，则应装设专门的接地引下线。

在木杆上如有与大地相连的部分，如避雷针的引下线，或者杆上装有电气设备如变压器等的情况下，当工作人员在杆上工作时，可能同时触及绝缘损坏的电气设备及与大地相连的部分，由于木杆的绝缘不能防止这种危险，因此这种电气设备都要接地或与零线相连。在60 kV及以下的线路中，如没有避雷线而且采用铁横担，为了减少相间闪络的机会，可将铁横担接地。

在中性点直接接地的低压线路中，除不使用接零或零线为绝缘的引入线外，在架空线末端以及长度超过200 m的架空线分支处和分支线末端，以及没有分支线的每隔1 km的直线段上都要进行重复接地。

1）高压架空线路的防雷接地。

架空线路因设在户外，一般来说容易遭受雷击，所以应预先采取防雷保护措施。3～10 kV架空电力线路的防雷保护措施如下：

（1）提高线路本身的绝缘水平：在线路上采用瓷横担，这种线路的耐雷击水平要比铁横担线路高得多。当线路受雷击时，发展成相间闪络和建立稳定工频电弧，造成雷击跳闸的次数要比铁横担线路少得多。在铁横担混凝土电杆线路上，为提高防雷水平，可改用高绝缘等级的绝缘瓷。

（2）利用三角形顶线作保护线：由于3～10 kV线路通常是中性点不接地的，因此如在三角形排列的顶相绝缘子上装以保护间隙，则在雷击时顶线承受雷击，间隙击穿，对地泄放雷电流，从而保护了下面两根导线，一般也不会引起线路跳闸。

（3）加强对绝缘薄弱点的保护：线路上个别特高的电杆，线路的交叉跨越处，线路的电缆头、开关等处，就全线路来说，是线路的绝缘薄弱点。雷击时，这些地方最容易发生短路。对这些薄弱点，需装设避雷器或保护间隙加以保护。

（4）采用自动重合闸或自重合熔断器作辅助防雷措施：实践证明，当线路受雷击时，要完全避免相间短路是不可能的（特别是3～10 kV线路上）。此时线路断路器跳闸或熔断器自动跌开，电弧熄灭，经过0.5 s或稍长一点时间后又自动合上，电弧一般不会复燃，又能恢复供电。线路受雷击后停电时间很短，对一般用户影响不大，从而可减轻雷害事故的影响。

此外，为进行系统无功补偿，提高线路电压水平，有时还在高压架空线路上装设补偿电容器。电容器既属较贵重设备，又是线路中的绝缘薄弱点，故应安装避雷器或保护间隙予以保护。其具体保护接线与安装方法如图3-8所示。

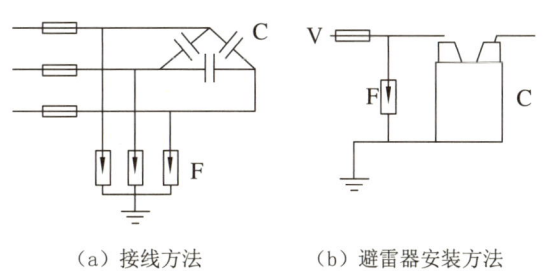

（a）接线方法　　　　（b）避雷器安装方法

图3-8　线路移相电容器的保护接线

2）装设架空避雷线及其他避雷装置作为变电所进出线段的防雷接地。

（1）为使上项保护段以外的线路受雷击时侵入变电所内的过电压有所限制，一般可在架空避雷线的两端装设避雷器，其接地电阻不得大于10 Ω。

（2）对10 kV及以下的高压配电线路进出线段的防雷保护，可以只装设避雷器，以保护线路断路器及隔离开关。

（3）配电线路上的柱上断路器和负荷开关，由于绝缘水平不高，相间距离较小，应防止受雷击时引起闪络，造成短路。通常在设备的一侧或两侧装设避雷器进行保护，如图3-9所示。其接地线应与保护设备的金属外壳相连接，接地电阻值不大于10 Ω。

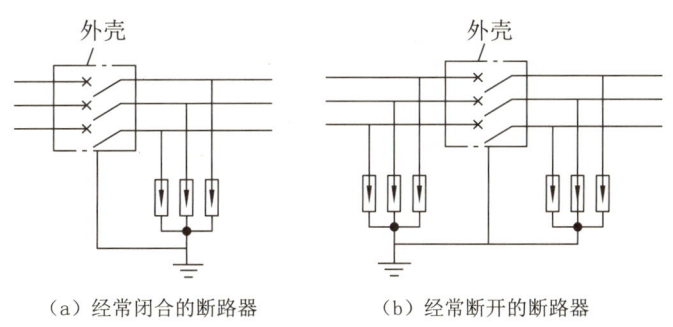

（a）经常闭合的断路器　　　　（b）经常断开的断路器

图3-9　柱上断路器的保护接线

（4）10 kV配电线路相互交叉或与低压线路、通信线路等交叉时，其垂直距离应不小于2 m。交叉挡两端杆塔的瓷绝缘铁脚均应可靠接地。

（5）低压配电线路绝缘水平较低，遭受雷击时，雷电冲击波可能沿线路侵入室内，引起人身和设备事故。为了降低雷电波的辐值，可以把引入线上的绝缘子螺杆接地，接地电阻不超过30 Ω。为保护直入式电能表，应装设低压避雷器作为防雷保护。

3）低压架空线路的防雷接地。

220/380 V低压架空线路的分布既广且密，尤其在多雷区，很容易受到雷击。同时由于低压线路直接引入室内，低压电气设备的绝缘水平一般又较低，引起触电的机会就多。因此，必须考虑对低压架空线路的保护，以及当雷击线路时雷电波沿线路侵入用户室内的防雷保护问题。其措施如下：

（1）一般用户低压线路及接户线的绝缘子铁脚宜接地。当其上落雷时，就能通过绝缘子铁脚放电，把雷电流泄入大地而起到保护作用。其接地电阻不应超过30 Ω。凡土壤电阻率在200 Ω·m以下地区的铁横担水泥杆线路，因连续多杆自然接地的作用，可不再另设接地。

（2）对于重要用户，宜在低压线路进入室内前50 m处安装一组低压避雷器，进入室内后再装一组低压避雷器。

（3）室内有电力设备接地装置的建筑物，在入口处宜将绝缘子铁脚与接地装置相连，可以不必另设接地装置。

（4）人员密集的公共场所（如剧院和教室等）及由木杆或木横担引下的接户线绝缘子铁脚应接地，并要设置专用的接地设置。但水泥电杆（即钢筋混凝土杆）的自然接地电阻若不超过30 Ω的可不设。

（5）年平均雷暴日不超过30天的地区，凡低压线路被建筑物及树木屏蔽，或接户线距低压干线的接地点不超过5 m的，由于遭雷击机会较少，其接户线的绝缘子铁脚可不接地。

（6）在多雷区或易遭雷击的地段，直接与架空线路相连的电能表宜设防雷装置。具体保护接线如图3-10所示。

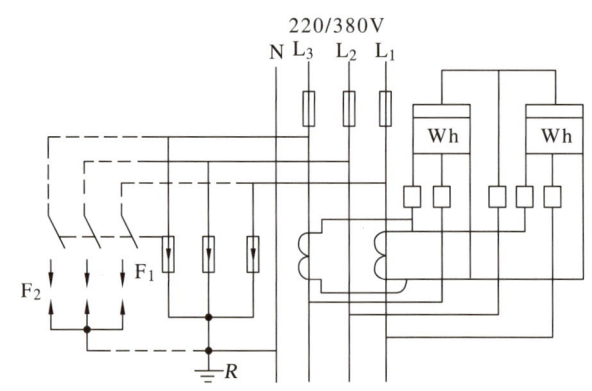

F_1——低压避雷器；F_2——保护间隙；Wh——电能表；R——重复接地

图3-10 电能表的保护接线

2. 电缆线路的接地。

在电缆线路中，当电缆绝缘损坏时，在电缆的外皮、铠甲及接头盒上都可能呈现电压。当电缆在地下敷设时，因为人接触不到，所以不必沿线路把金属外皮和铠甲接地，只要将电缆两端接地，即将电缆的外皮、铠甲和终端盒连接到两端的总接地网上就可。为了保证接地的可靠性，在安装中间接线盒和终端接线盒时，要特别注意接线盒的外壳和电缆的外皮要有可靠的电气连接。

在电缆盒中，为了防止电缆在一处绝缘损坏接地后会引起他处绝缘损坏，所以在接地之前，要将包皮和铠甲连接起来再与电缆盒连接。否则当一处绝缘层损坏时，黄麻就将外皮与铠甲隔离，使外皮上的电位比铠甲高，在另一处黄麻层最弱的地方就可能击穿而发生电弧，并且又将另一处的铅外皮烧毁。如电缆的外皮和铠甲有了金属的连接，两者电位相等，就不会再产生新的事故。

一般金属外皮的电缆均与大地有良好的接触，因此其支架不必接地。如电缆的外皮是非金属的，如塑料、橡套或类似材料的外皮，则其支架必须接地。在有些情况下，由于运行条件的要求，电缆和支架之间要垫以绝缘，这时电缆支架也要接地。对于心线截面在16 mm及以上的单心电缆，为了避免产生涡流，其外皮及铠甲仅在一端接地。当两根单心电缆平行敷设时，还要产生感应电压。例如电缆间轴向距离为 l mm，每根电缆的平均半径为 r mm，流经电缆的电流为 I（安），则在50赫工频时，每公里的感应电压

$$U_g = 0.145 I \lg \frac{l}{r} \text{（V）}$$

如电缆线路较长，则感应电压很高。为了防止发生危险，将电缆外皮及铠甲在适当地点接地，以限制感应电压值在下列范围以内：对于一般铠装电缆而言，限制到12 V；对于橡套电缆而言，限制到40 V。

第三节　电气接地电阻的要求

一、电气接地电阻值的一般要求

1. 工频接地电阻。

工频接地电阻，是指在流过工频或者直流电流时的接地电阻，一般简称为接地电阻。工频接地电阻允许值如表3-1所示，表中R_d为考虑到季节变化的最大接地电阻值。

表3-1　工频接地电阻允许值

系统名称	接地装置特点		接地电阻值/Ω
大接地短路电流系统	一般电阻率地区		$R_d \leq \frac{2000}{I}$ [①] $R_d \leq 0.5$（当 $I \geq 4000$ A 时）
	高电阻率地区		$R_d \leq 5$ [②]
小接地短路电流系统	仅用于高压电力设备的接地装置		$R_d \leq \frac{250}{I} \leq 10$
	高压与低压电力设备共用的接地装置		$R_d \leq \frac{120}{I} \leq 10$
	高电阻率地区	高压和低压电力设备	$R_d \leq 30$
		发电厂与变电站	$R_d \leq 15$
低压电力设备	低压电力设备		$R_d \leq 4$ [③]
	并列运行的发电机、变压器等电力设备的总容量不超过 100 kVA 时		$R_d \leq 10$ [③]
	重复接地		$R_d \leq 10$
	电力设备接地电阻允许达到 10 Ω 的电力网的重复接地（重复接地不少于三处）		$R_d \leq 30$

① 计算用的流经接地装置的入地短路电流，A；

② $R_d \leq 5$ Ω 并应符合下列要求：

a. 对可能将接地网的高电位引向厂、所外，或将低电位引向厂、所内的设施，应采取隔离接地电位措施。

b. 当接地电位升高时，考虑短路电流非周期分量的影响，发电厂、变电所内3~10 kV阀型避雷器应不动作。

c. 设计时应采取均压措施并验算接触电压和跨步电压；施工后应进行测量，并绘制电位分布曲线。

③ 在采取接零保护电力网中是指变压器的接地电阻。

2. 冲击接地电阻。

防雷接地雷电冲击电流流过时的电阻，叫作冲击接地电阻。

从物理过程来看，防雷接地与工频接地有两点区别，一是雷电流的幅值大，二是雷电流的等值频率高。

雷电流的幅值大，会使地中电流密度增大，因而提高地中电场强度，在接地体表面附近尤为显著。地电场强度超过土壤击穿场强时会发生局部火花放电，使土壤电导增大。试验表明，当土壤电阻率为500 Ω·m，预放电时间为3~5μs时，土壤的击穿场强为6~12 kV/m。因此，同一接地装置在幅值很高的雷电冲击电流作用下，其接地电阻要小于工频电流下的数值。这一过程称为火花效应。

雷电流的等值频率很高，会使接地体本身呈现很明显的电感作用，阻碍电流向接地体的远端流通。对于长度较大的接地体，这种影响更显著，结果使接地体得不到充分利用，接地电阻值大于工频接地电阻。这一现象称为电感影响。

冲击接地电阻的允许值如表3-2所示。

表3-2 冲击接地电阻允许值

名称	接地装置特点		接地电阻值/Ω
独立避雷针	高电阻率地区	一般电阻率地区	$R_d \leq 10$
		接地装置不与主接地网连接	R_{ds} 不作规定，但应满足： $S_k \geq 0.3R_{ds}+0.1hj$； $S_d \geq 0.3R_{ds}$
		接地装置与主接地网连接	R_{ds} 不作规定，但至35 kV以下设备接地点的接地体长度不得小于15 m
配电装置构架上避雷针	符合《电力设备过电压保护设计技术规程》第71条的要求		R_{ds} 不作规定，但与主接地网连接处应埋设集中接地装置，至变压器接地点的接地体长度不得小于15 m
主厂房屋顶上避雷针	符合《电力设备过电压保护设计技术规程》第67条的要求		R_{ds} 不作规定，但应将主厂房梁柱的钢筋连在具有良好电路的整体，并与人工接地体连接
避雷器	装置在地面的构架上		R_{ds} 不作规定，但与主接地网连接处应埋设集中接地装置
防静电接地			$R_d \leq 30$

注：S_k——避雷针支持构架与带电部分、其他接地部分之间的空气距离，m；

S_d——避雷针接地装置与主接地网之间的地中距离，m；

R_d——工频接地电阻，Ω；

R_{ds}——冲击接地电阻，Ω；

hj——避雷针校验点的高度，m。

二、架空线路的接地电阻

电力线路的接地电阻主要根据电力系统中性点的工作方式、电压值、设备容量及负荷情况等因素来决定。将常用电力线路的接地电阻要求综合如表3-3所示。在该表中，计算小接地电流线路接地电阻所采用的接地电流 I，对于中性点不接地系统来说，等于接地短路电容电流，即

$$I = \frac{\sqrt{3}U_\Phi(35l_k + l_b)}{350}$$

式中：

U_Φ——线路相电压，kV；

l_k——有电气连接的电缆线路的总长，km；

l_b——有电气连接的架空线路的总长，km。

表3-3 电力线路所要求的接地电阻值

序号	电力线路名称	接地装置特点	接地电阻值/Ω
1	1000 V 以上大接地电流电力线路	仅用于该线路的接地装置	$R_d \leq 0.5$ [2]
2	1000 V 以上小接地电流电力线路	仅用于该线路的接地装置	$R_d \leq \frac{250}{I} \leq 10$ [4]
3		与1000 V 以下线路共同的接地装置	$R_d \leq \frac{250}{I} \leq 10$ [4]
4	1000 V 以下中性点直接接地电力线路	与容量在 100 kVA[1] 以上的发电机或变压器相连接的接地装置	$R_d \leq 4$
5		序号4的重复接地装置	$R_d \leq 10$
6		与容量在 100 kVA[1] 以下的发电机或变压器相连接的接地装置	$R_d \leq 10$
7		序号6的重复接地装置	$R_d \leq 30$ [3]
8	1000 V 以下中性点不接地电力线路	与容量在 100 kVA[1] 以上的发电机或变压器相连接的接地装置	$R_d \leq 4$
9		序号8的重复接地装置	$R_d \leq 10$
10		与容量在 100 kVA[1] 以下的发电机或变压器相连接的接地装置	$R_d \leq 10$
11		序号10的重复接地装置	$R_d \leq 30$ [3]
12	利用大地作为反回导线或相导线的线路	临时接地装置	$R_d \leq \frac{100}{I}$ [4]
13		永久接地装置	$R_d \leq \frac{50}{I}$ [4]
14	引入线上装有 25 A 及以下的熔断器的小容量装置	任何供电系统	$R_d \leq 10$

① 指对并列运行的总容量而言。

② 如采用自然接地体，即使达到接地电阻要求，尚必须采用接地电阻不大于1 Ω的人工辅助接地体。

③ 重复接地不应少于3处。

④ I 为接地装置流入地中的电流。

对于中性点经消弧线圈接地的电力线路来说，计算没有接消弧线圈的电气设备接地装置的接地电阻时，接地电流按这些设备额定电流的125%来考虑；计算有消弧线圈的电气设备接地装置的接地电阻时，接地电流按切断最大一台消弧线圈时，在此线路内可能发生残余接地短路电流来考虑，但不得小于30 A。

三、配电装置的接地电阻

（1）配电变压器安装在由其供电的建筑物外时，应符合下式的要求：

$$R_d \leq 50/I$$

式中：R_d——考虑到季节变化，接地装置最大接地电阻，Ω；I——计算用的单相接地故障电流，消弧线圈接地系统为故障点残余电流，但不应大于4 Ω。

配电变压器安装在其供电的建筑物内时，不宜大于4 Ω。

非共用的接地装置，应符合 $R_d \leq 250/I$ 要求，但不宜大于10 Ω。

（2）低电阻接地系统的配电电气装置，其保护接地的接地电阻应符合 $R_d \leq 2000/I$ 的要求。

（3）保护配电变压器的避雷器，其接地应与变压器保护接地共用接地装置。

（4）保护配电柱上断路器、负荷开关和电容器组等的避雷器的接地线应与设备外壳相连，接地装置的接地电阻不应大于10 Ω。

第四节 电气接地装置的安装

一、接地系统的安装施工程序

1.室外安装接地系统的施工程序。

（1）根据设计要求选定自然接地体并制作接地体及其附属零件。

（2）根据设计的接地系统布置图挖土沟。土沟上面宽，底部渐窄，沟壁与沟底水平线的夹角在60°～80°。

（3）根据设计规定位置埋设接地体。埋设接地体时，不应发生倾斜或弯曲现象，而且应使各接地体的上端保持在同一水平面上。

（4）沿土沟放接地干线，并与已选定的自然接地体及已埋设的人工接地体焊接。

（5）从接地干线连接至室外配电装置的接地支线。

（6）将室外接地干线与室内接地干线相连。

（7）对于自然接地体，当焊接有困难时，可采用特殊夹子进行紧固的连接。

（8）如土壤电阻系数过大或在冻土层内，应采取降低土壤电阻系数的措施。

（9）施工完毕后进行全面检查，然后填土并加以夯实。

2.室内安装接地系统的施工程序。

（1）按照设计所规定的高度在墙上画出接地线的路径和接地支架的位置。

（2）根据设计检查各穿墙孔的位置。如土建施工时没有预留，或预留位置有偏差，则用凿子凿穿墙孔，并凿接地支架的安装洞眼。

（3）将接地线沿设计图纸上的路径放好，并用木榔头将接地线敲平，消除弯曲。

（4）用水泥灰浆将接地支架埋入墙内。支架必须保持平直端正，洞眼内的灰浆应当饱满。

（5）待灰浆干固后，进行接地线敷设。敷设的方法为敷一段，焊一段。焊接时应将接地线拉直，以免弯曲过大。

（6）接地线穿墙及穿楼板都应灌以黄沙，并以沥青封口。

（7）连接接地干线至配电装置的接地支线。

（8）对所有接地线进行检查校正后，按一般规定或设计要求涂漆。

二、接地体的制作及施工安装

1.接地体施工安装的技术要求。

利用自然接地体时，要采用不少于两根的导体，并在不同地点与接地干线相连接。

进行人工接地体施工安装时，应严格按照设计要求逐项实施：

（1）接地体顶面埋设深度应符合设计规定。当无规定时，不宜小于0.6 m。角钢及钢管接地体应垂直配置。除接地体外，接地体引出线的垂直部分和接地装置焊接部分应做防腐处理，如图3-11所示。在做防腐处理前，表面必须除锈并去掉焊接处残留的焊药。

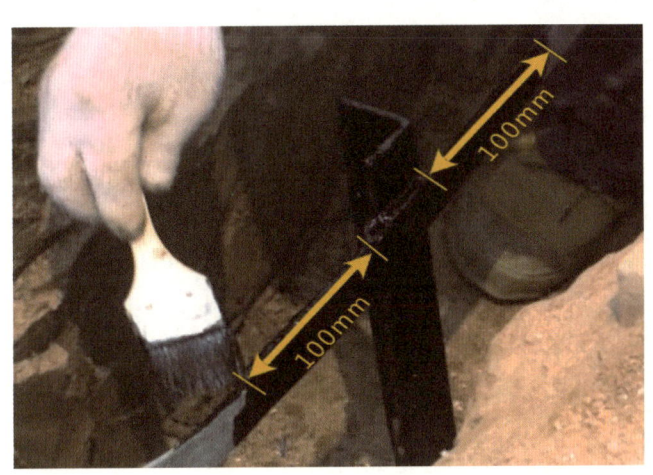

图3-11 接地焊接部位的防腐处理

（2）垂直接地体的间距不宜小于其长度的2倍。水平接地体的间距应符合设计规定，当无设计规定时不宜小于5 m。

（3）接地线应防止发生机械损伤和化学腐蚀。在与公路、铁路或管道等交叉及其他可能使接地线遭受损伤处，均应用管子或角钢等加以保护。接地线在穿过墙壁、楼板和地坪处应加装钢管或其他坚固的保护套，有化学腐蚀的部位还应采取防腐措施。

（4）接地干线应在不同的两点及以上与接地网相连接。自然接地体应在不同的两点以上与接地干线或接地网相连接。

（5）每个电气装置的接地应以单独的接地线与接地干线相连接，不得在一个接地串接几个需要接地的电气装置，如图3-12所示。

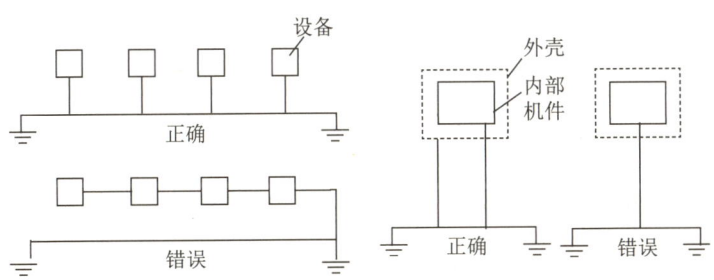

图3-12 电气装置接地方法示意图

（6）接地体敷设完后的土沟，其回填土内不应夹有石块和建筑垃圾等；外取的土壤不得有较强的腐蚀性；在回填土时应分层夯实。

（7）明敷接地线的安装应符合下列要求：

①便于检查。

②敷设位置不应妨碍设备的拆卸与检修。

③支持件间的距离，在水平直线部分宜为0.5～1.5 m；垂直部分宜为1.5～3 m；转弯部分宜为0.3～0.5 m。

④接地线应按水平或垂直敷设，亦可与建筑物倾斜结构平行敷设；在直线段上，不应有高低起伏及弯曲等情况。

⑤接地线沿建筑物墙壁水平敷设时，离地面距离宜为250～300 mm；接地线与建筑物墙壁的间隙宜为10～15 mm。

⑥在接地线跨越建筑物伸缩缝、沉降缝处时，应设置补偿器。补偿器可用接地线本身弯成弧状代替。

（8）明敷接地线的表面应涂以15～100 mm宽度相等的绿色和黄色相间的条纹。宜在每个导体的全部长度上或只在每个区间或每个可接触到的部位上做出标志。当使用胶带时，应使用双色胶带。如图3-13所示。

图3-13 明敷接地线的敷设

（9）在接地线引向建筑物的入口处和在检修用临时接地点处，均应刷白色底漆并标以黑色记号，其代号为⏚。

（10）进行检修时，在断路器室、配电间、母线分段处、发电机引出线等需临时接地的地方，应引入接地干线，并应设有专供连接临时接地线使用的接线板和螺栓。

（11）当电缆穿过零序电流互感器时，电缆头的接地线应通过零序电流互感器后接地；由电缆头至穿过零序电流互感器的一段电缆金属护层和接地线应对地绝缘。如图3-14所示。

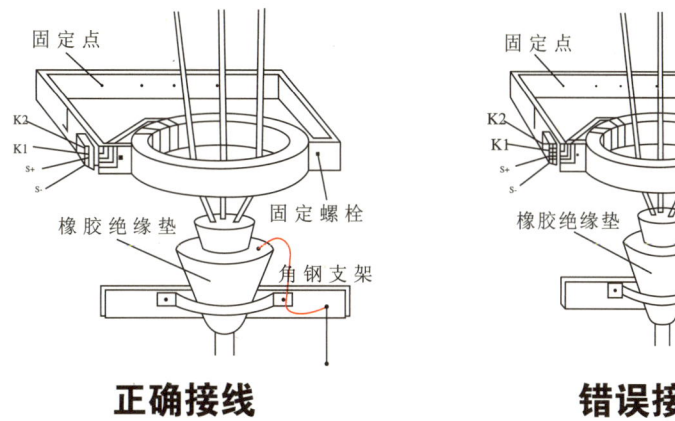

图3-14 电缆头的接地线应通过零序电流互感器后接地

（12）直接接地或经消弧线圈接地变压器、旋转电机的中性点与接地体或接地干线的连接，应采用单独的接地线。

（13）变电所、配电所的避雷器应用最短的接地线与主接地网连接。

（14）全封闭组合电器的外壳应按制造厂规定接地；法兰片间应采用跨接线连接，并应保证良好的电气通路。

（15）高压配电间隔和静止补偿装置的栅栏门铰链处应用软铜线连接，以保持良好接地。

（16）高频感应电热装置的屏蔽外壳，高频回路中外露导体和电气设备的所有屏蔽部分以及与其连接的金属管道均应接地，并宜与接地干线连接。

（17）接地装置由多个分接地装置部分组成时，应按设计要求设置便于分开的断接卡，自然接地体与人工接地体连接处应有便于分开的断接卡。断接卡应有保护措施。

（18）如果接地体是安装在有强烈腐蚀性的土壤中，则接地体应镀锡或镀锌并适当加大截面。注意不准采用涂漆或涂沥青的办法防腐蚀。

（19）安排接地体位置时，为减少相邻接地体之间的屏蔽作用，垂直接地体的间距不应小于接地体长度的两倍；水平接地体的间距，一般不小于5 m。

（20）接地体打入地下时，角钢的下端要削尖；钢管的下端要加工成尖形或将圆管打扁后再垂直打入；扁钢埋入地下时则应立放。

（21）为减少自然因素对接地电阻的影响并取得良好的接地效果，埋入地中的垂直接地体顶端，距地面不应小于0.6 m；水平埋设时，其深度也不应小于0.6 m。

（22）埋设接地体时，应先挖一条宽0.5 m、深0.8 m的地沟。然后再将接地体打入沟内，上端露出沟底0.1～0.2 m，以便对接地体上的连接扁钢和接地线进行焊接。焊接好后，经检查认为焊接质量和接地体埋深均合乎要求时，方可将沟填平夯实。为日后测量接地电阻方便，应在适当位置加装接线卡子，以备测量时接用。

2. 人工接地体的安装。

常用的接地体有角钢接地体与管形接地体两种。在一般土壤中采用角钢接地体，在坚实土壤中采用钢管角钢接地体。

角钢接地体一般为40 mm×40 mm×4 mm或50 mm×50 mm×5 mm角钢，长2.5 m，端部削尖，以便打入土壤中。接地体的顶部采用40 m×4 m扁钢或直径16 mm圆钢相连。

连接的方法如图3-15所示。"安装方式一"适用于直线排列的接地系统，"安装方式二"适用于接地系统的转角处。

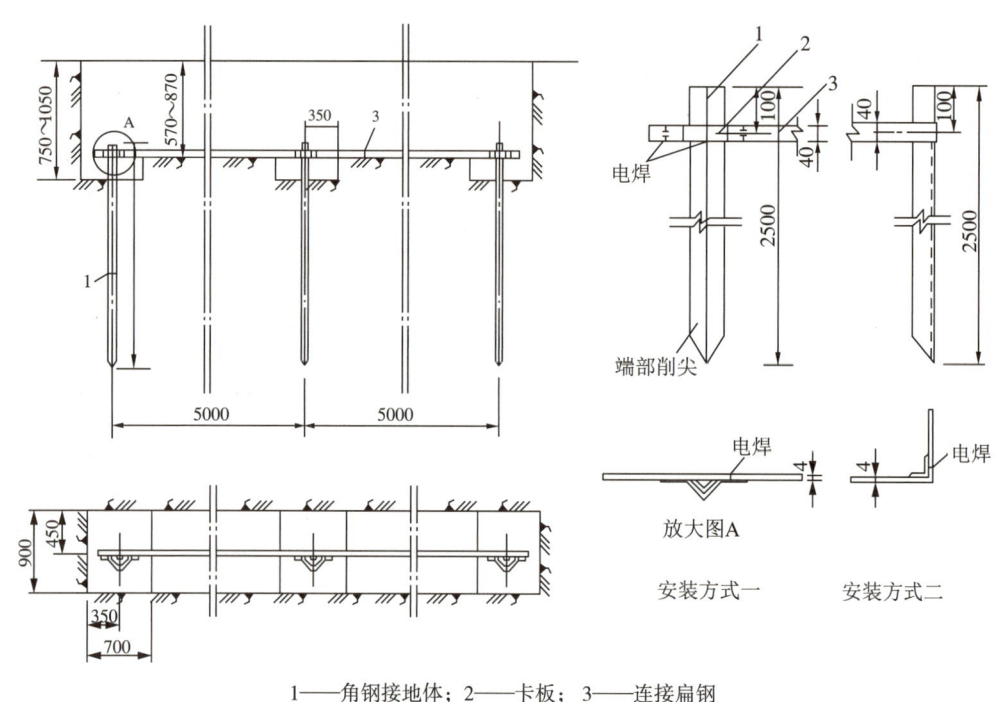

1——角钢接地体；2——卡板；3——连接扁钢

图3-15 角钢接地体及其安装图（单位：mm）

管形接地体一般采用直径50 mm、长2.5 m的钢管，一端敲扁，如图3-16（a）所示。对于较坚实的土壤，还必须加装接地体管盖。这个管盖只在安装时使用，将接地体打入土中后，即可将管盖取下，放在另一接地体的端部，再打入土中。因此在一次施工中，仅需一只就够了。对于特别坚实的土壤，接地体还要加装管针，如图3-16（b）所示。管针打入地下不能再取出，因此管针的数目应和接地体的数目一样。管形接地体与接地线的连接如图3-17所示。

如果接地体安装在有腐蚀性的土壤中，无论角钢接地体还是管形接地体都要镀锌。

当埋设接地体时，先挖一地沟，如图3-18所示，然后将接地体打入地下。接地体上面的端部离开沟底100～200 mm，以便连接接地线。

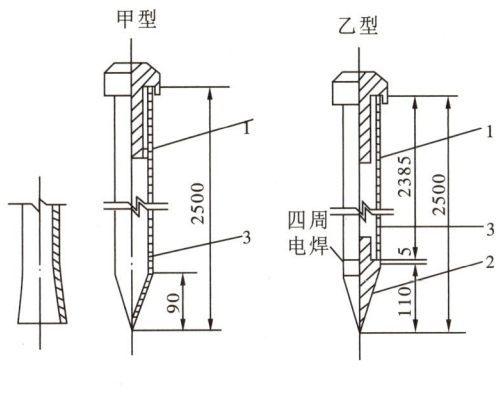

1—管盖；2—管针；3—管子

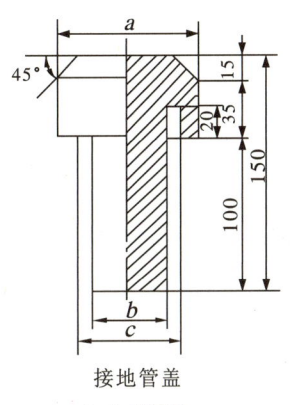 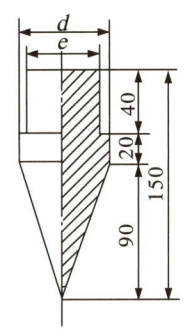

管形接地体	尺寸 / mm				
公称内径 /mm	a	b	c	d	e
50	90	47	67	60	50
40	80	35	55	48	38

接地管盖　　接地管针

（a）无管针　　（b）有管针

图 3-16 管型接地体

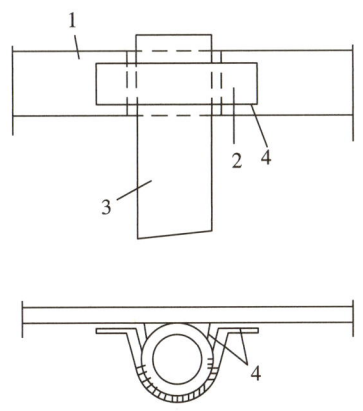

1—接地扁钢；2—管夹；3—管型接地体；4—焊缝

图 3-17 管型接地体与接地线的连接

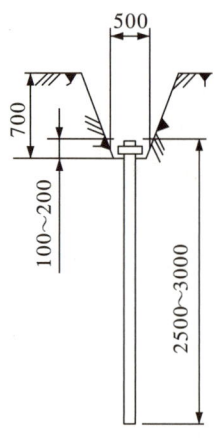

图3-18 接地体埋设图（单位：mm）

3.垂直接地体的制作及安装方法。

（1）制作方法：垂直安装的接地体采用角钢或钢管制作，长度一般为2～3 m，但不能短于2 m，下端应加工成尖形。用角钢的，其尖点应在角钢的钢脊钱上，且两个斜边要对称。用钢管的，要单斜削保持一个尖点，如图3-19所示。凡用螺栓连接的，要先钻好螺栓的通孔。为便于连接，要在接地体上端或垂直面上制装连接板。

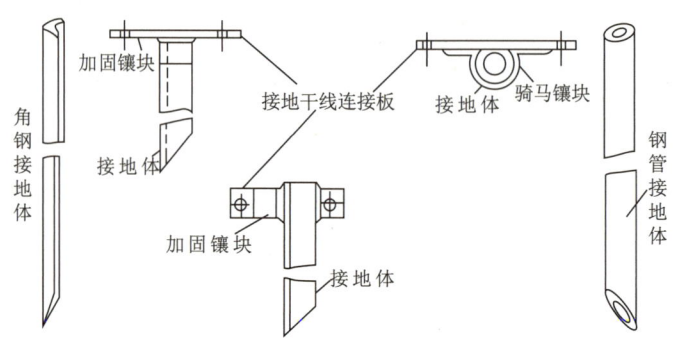

（a）角钢顶端装连接板　（b）角钢垂直面装连接板　（c）钢管垂直面装连接板

图3-19 垂直接地体

（2）安装方法：采用打桩法将接地体打入地下，如图3-20所示。接地体应与地面垂直，不可歪斜，有效深度不小于2 m；多极接地或接地网的各接地体之间，应保持2.5 m以上的直线距离。

用锤子敲打角钢时，应敲打角钢端面角脊处，锤击力会顺着脊线直传到其下部尖端，容易打入、打直，如图3-20（a）所示。若是钢管，则锤击力应集中在尖端的切点位置，否则不但打入困难且不易打直，致使接地体与土壤产生缝隙，增大接触电阻，全部打入地下后,应在四周用土壤埋填夯实,以减小接触电阻。若接地体与接地线在地下连接,则应先将接地体与接地线用电焊焊接后再埋土夯实。

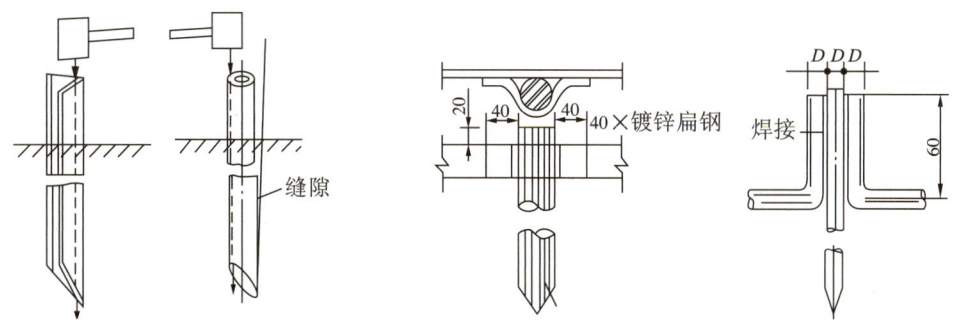

(a)角钢接地体　(b)钢管接地体

图3-20 接地体打入土壤的情形　　　图3-21 接地体焊接(单位:mm)

垂直接地体端部焊接如图3-21所示;接地干线与接地体的焊接如图3-22所示;接地引线与干线的焊接如图3-23所示。

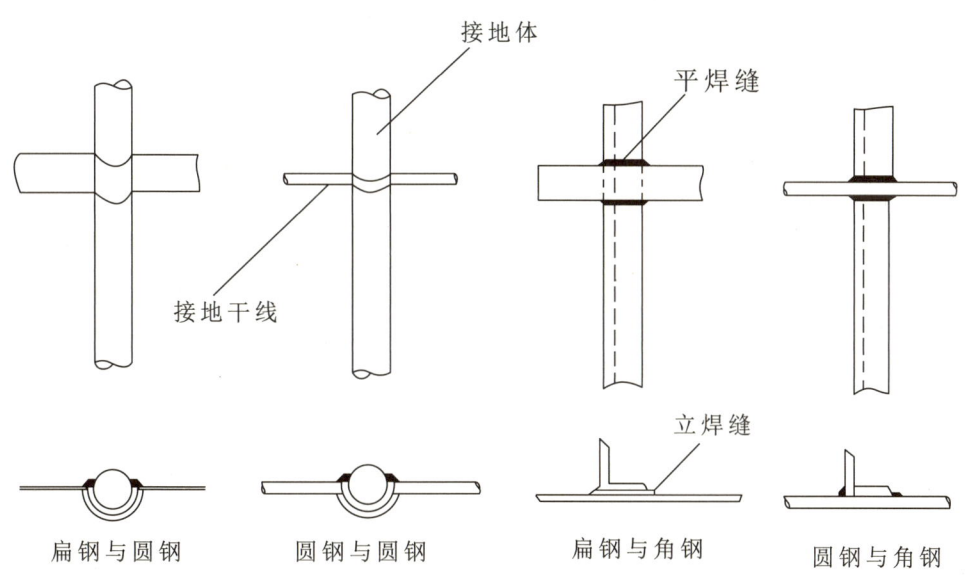

图3-22 接地干线与接地体的焊接示意图

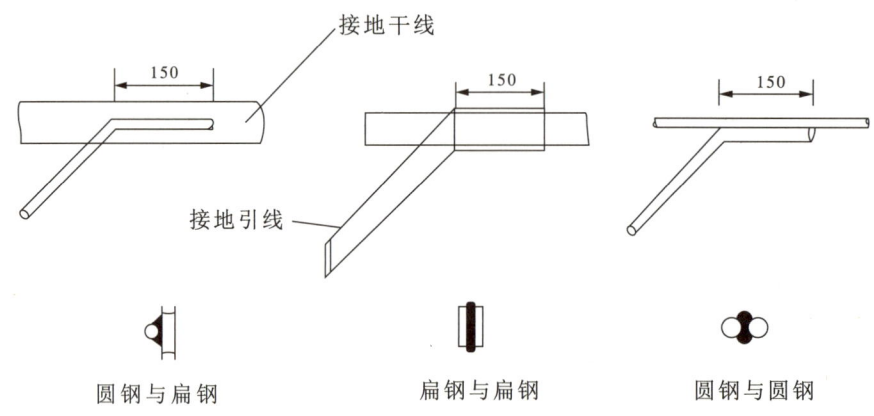

图3-23 接地引线与干线的焊接示意图（单位：mm）

对于直流接地装置，能与地构成闭合回路且经常流过电流的接地线，应沿绝缘垫板敷设，不得与金属管道、建筑物和设备构件有金属的连接；经常流过电流的接地线和接地体，除应符合载流量热稳定的要求外，其地下部分的最小规格不应小于：圆钢直径10 mm，扁钢和角钢厚度6 mm，钢管管壁厚度4.5 mm。

接地装置应尽量避免敷设在土壤中含有电解时排出活性作用物质或各种溶液的地方，必要时可采用外引式接地装置，否则应采取改良土壤的措施。

三、接地线的施工安装

1.人工接地线的施工安装要求。

接地线是接地装置中的另一组成部分。实际工程中要尽可能利用自然接地线，但要求它具有良好的电气连接。为此在建筑物钢结构的结合处，除已焊接者外，都要采用跨接线焊接。跨接线一般采用扁钢，作为接地干线时，其截面不得小于100 mm²；作为接地支线的，不得小于48 mm²。对于暗敷管道和作为接零线的明敷管道，其接合处的跨接线可采用直径不小于6 mm的圆钢。利用电缆的金属外皮作接地线时，一般应有两根。若只有1根，则应敷设辅助接地线。若无可利用的自然接地线，或虽有能利用的但不能满足运行中电气连接可靠的要求及接地电阻不能符合规定时，则应另设人工接地线。其施工安装要求是：

（1）一般应采用（钢质扁钢或圆钢）接地线。只有当采用钢质线施工安装困难时，移动式电气设备和三相四线制照明电缆的接地芯线，才可采用铜质线作人工接地线。

（2）必须有足够截面保证连接可靠及有一定的机械强度。

（3）为能在低压接地电网中自动断开线路故障段，接地线和零线的截面应能保证导电部分与接地部分间发生单相短路时,网内任一点的最小短路电流不小于最近处熔断器熔体额定电流的4~5倍、自动开关瞬时动作电流的1.5倍,并应能符合热稳定要求。同时接地线和零线的电导,一般不小于本线路中最大相线电导的1/2。

(4) 中性点直接接地的低压电气设备的专用接地线或零线,宜与相线一起敷设。

(5) 接地体(线)的连接应采用焊接,焊接必须牢固无虚焊。接至电气设备上的接线,应用镀锌螺栓连接;有色金属接地线不能采用焊接时,可用螺栓连接。螺栓连接处的接触面应按现行国家标准《电气装置安装工程 母线装置施工及验收规范》(GB50149-2010)的规定处理。

(6) 接地体(线)的焊接应采用搭接焊,其搭接长度必须符合下列规定:
① 扁钢为其宽度的2倍(且至少3个棱边焊接)。
② 圆钢为其直径的6倍。
③ 圆钢与扁钢连接时,其长度为圆钢直径的6倍。
④ 扁钢与钢管、扁钢与角钢焊接时,为了连接可靠,除应在其接触部位两侧进行焊接外,还应焊以钢带弯成的弧形(或直角形)卡子或直接由钢带本身变成弧形(或直角形)与角钢焊接。

(7) 利用各种金属构件、金属管道等作为接地线时,应保证其全长为完好电气通路。利用串联的金属构件、金属管道作接地线时,应在其串接部位焊接金属跨接线。

(8) 接地线与接地体之间的连接应采用焊接或压接。连接应牢固可靠。采用焊接时,扁钢的搭接长度应为宽度的2倍且至少焊接3个棱边;圆钢的搭接长度应为直径的6倍。采用压接时,应在接地线端加金属夹头与接地体夹牢,夹头与接地体相接触的一面应镀锡,接地体连接夹头的地方应擦拭干净。

2. 人工接地线的安装。

在一般情况下采用扁钢或圆钢作为人工接地线。接地线的截面应按照所述的方法选择。接地线应该敷设在易于检查的地方,并须有防止机械损伤及防止化学作用的保护措施。从接地干线敷设到用电设备的接地支线的距离愈短愈好。当接地线与电缆或其他电线交叉时,其间距离至少要维持在25 mm。在接地线与管道、铁道等交叉的地方,以及在接地线可能受到机械损伤的地方,接地线上应加保护装置,一般要套以钢管。当接地线跨过有震动的地方,接地线应略加弯曲,以便在震动时有伸缩的余地,可免于断裂。

1) 接地线的支架应根据下列要求的距离安装。

(1) 当接地线直线敷设时,支架间的距离应在500~1000 mm。
(2) 当接地线转弯敷设时,在离转角处100 mm以内的地方应设有支架。
(3) 在引出接地支线处100 mm范围以内的地方应设有支架。
(4) 当接地线在电缆沟中敷设时,支架离开电缆沟盖板下面的距离不应小于50 mm。
(5) 接地线的支架离开地面的距离应在400~600 mm范围以内。

接地线沿墙、柱、天花板等敷设时,应有一定距离,以便维护、观察,同时避免因距离建筑物太近容易接触水汽而造成锈蚀现象。在潮湿及有腐蚀性的建筑物内,接地线离开建筑物的距离至少为10 mm,在其他建筑物内则至少为5 mm。

当接地线穿过墙壁时，可先在墙上留洞或设置钢管，钢管伸出墙壁至少10 mm。接地线放入墙洞或钢管内后，在洞内或管内先填以黄沙，然后在两端用沥青或沥青棉纱封口。当接地线穿过楼板时，也必须装设钢管。钢管离开楼板上面至少30 mm，离开楼板下面至少10 mm。

当接地线跨过伸缩缝时，应采用补偿装置。常采用的补偿装置方法是将接地线在伸缩缝处略为弯曲，以补偿受到伸缩时的影响，可避免接地线的可能断裂，接地线连接时一般采用对焊。采用扁钢在室外或土壤中敷设时，焊缝长度为扁钢宽度的2倍，在室内明敷焊接时，焊缝长度可等于扁钢宽度；当采用圆钢焊接时，焊缝长度应为圆钢直径的6倍，如图3-24所示。

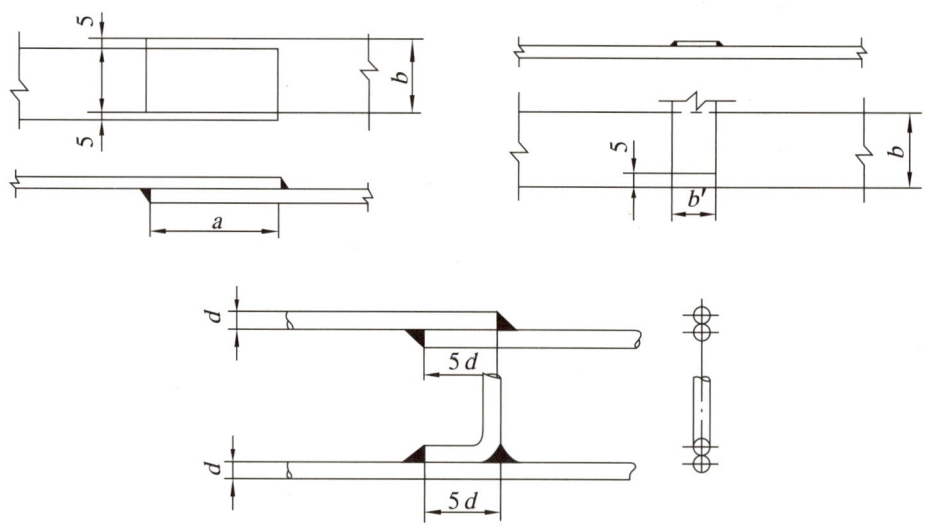

1. 扁钢连接时，敷设在室外或土壤中$a=2b$，室内明敷时$a=b$。
2. b和b'为扁钢宽度，一般为15、25、40 mm；d为圆钢外径，一般为10、16 mm，均依设计规定。

图3-24 接地线间的连接（单位：mm）

接地干线与支线间的连接方式如图3-25所示。

接地线与电气设备连接的方法可采用焊接或用螺栓连接。当用螺栓连接好后，连接的地方要用钢丝刷刷光并涂以中性凡士林油，在接地线的连接端最好镀锡以免氧化，然后再在连接处涂上一层漆以免锈蚀。

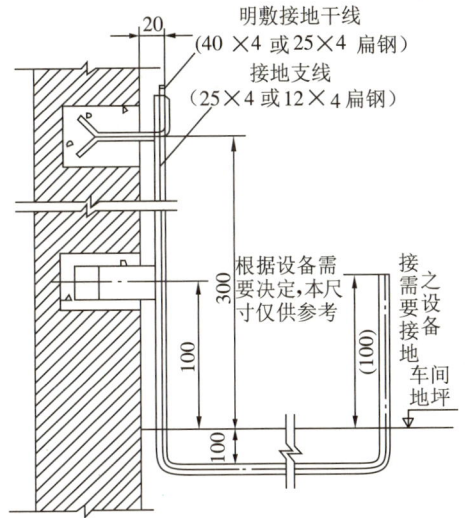 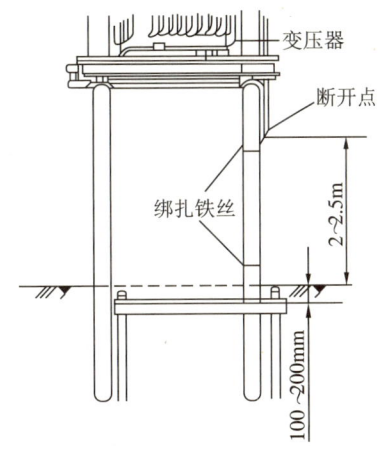

图3-25 明敷接地干线与支线间的连接装置（单位：mm）　　图3-26 配电变压器接地干线断开点

2）接地线的安装工艺。

（1）接地干线与接地体的连接：尽可能采用电焊焊接，连接处要加镶块以增加焊接面积。无条件时也允许用螺钉压接，但接触面须经镀锌或镀锡处理，并采用12 mm或14 mm镀锌螺钉。安装时接触面应保持平整、严密，不可有隙缝，螺钉要拧紧，在震动场所螺钉上要加弹簧垫圈。连接处应放置在便于检查和维修的地方，如埋入地下，应在地面上做好标记。

（2）接地网各接地体之间的连接：如需提供接地线，就要安装在沟中，沟上应覆有盖板，且要与地面平齐。若接地体连接干线采用扁钢宽面垂直安装，则应预先钻好接线用的通孔并在连接处镀锡。如不需提供接地线，则应埋入地中600 mm左右，并在地面标明干线走向的连接点位置，以便于检修。埋入地下的连接，尽量采用电焊焊接。

（3）公用配变的接地干线与接地体的连接：连接方法与（1）同，连接点一般埋入地下100~200 mm。在接地干线引出地面处2~2.5 m的地方断开，再用螺钉压接重新接牢，如图3-26所示，以便于测量接地电阻。

（4）从接地体或从接地体连的接干线引出的接地干线应明设，并涂漆标明；穿越楼板或墙壁时应穿管保护；接地干线要支持牢固；若采用多股导线连接，则要采用接线耳，如图3-27所示。

（5）接地支线的安装：

①每台设备的接地点必须用一根接地支线与接地干线相连接；不允许用一根接地线把几台设备串接起来，也不允许将几根接地支线并接在接地干线的一个连接点上。

②户内接地支线要采用多股绝缘绞线，户外常采用多股绞线；明设的接地线，在穿越墙壁或楼板时应套入管内保护；接地支线与接地干线及设备连接点的连接，一般采用螺钉压接，接地支线的线头要用接线耳。

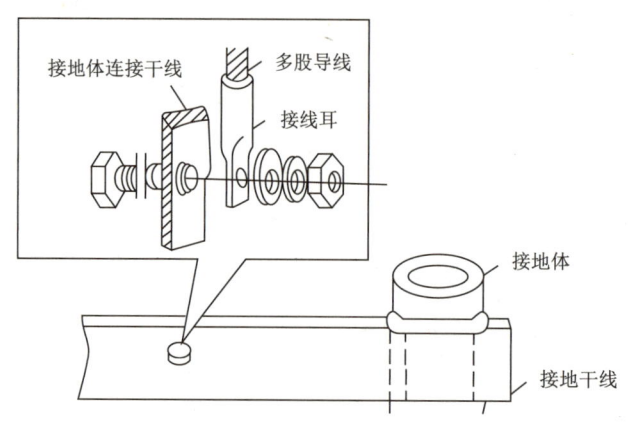

图3-27 接地线用多股导线的连接方法

③固定敷设的接地支线需要接长时，连接必须正规，钢芯线连接处要电焊加固。用移动电具的接地支线不允许中间有接头；接地支线的每一个连接处，都应置于明显部位，以便于日后检修。

为防止机械损伤，接地线与铁路或公路交叉时，均应穿管或用角钢保护。如穿越铁路，接地线宜向上拱起，以便有伸缩余地，防止断裂。接地线穿过墙壁时，应敷设在明孔、管道或其他坚固的保护管中。接地线与建筑物伸缩缝交叉时，应弯成弧状或另加补偿装置。

接地线位置应便于检查，并不应妨碍设备的拆卸和检修。

接地线涂色和标志应符合国家标准。非经允许，接地线不得作其他电气回路使用。

④直流电力回路专用的中性线、接地体、接地引线不得与自然接地体有金属连接；在无绝缘隔离装置时，两者间的相互距离不应小于1 m。三相制直流回路的中性线宜直接接地。

（6）直流电力网中的接地装置，能与地构成闭合回路且经常流过电流的接地线应沿绝缘垫板敷设，不得与金属管道、建筑物和设备的构件有金属连接。同时，在土壤中含有在电解时能产生腐蚀性物的地方，不宜敷设接地装置，否则应采取外引式接地装置或改良土壤的措施。

（7）携带式电气设备应用专用的橡胶绝缘软铜电缆（防水线），三相设备用四芯电缆，单相设备用三芯电缆，其中有一根为接地线，此线芯严禁通过电流，其截面应不小于1.5 mm^2。接地线和工作零线应区分开，分别与接地网连接，严禁利用其他用电设备的零线接地。

（8）由固定电源或移动式发电机组供电的移动式机械，应和这些供电电源的接地装置有金属连接，在中性点不接地的电网，可在移动式机械附近设若干接地体，在设备移动时，至少有一个接地体与设备连接。

四、装设接地装置的事项

（1）配电间布设接地装置时的注意事项：

①配电装置凡在正常情况下不带电的金属部分，均必须与接地装置有良好的电气连接；对成列设置的配电屏，应在其两端分别与接地干线用并连接法进行可靠连接。

②不同用途与不同电压的电力装置，除另有专门规定外，通常应使用一个总接地体；且其接地电阻要符合其中某一最低数值的要求。

（2）为取得良好接地效果及保障安全可靠，人工接地体不论垂直还是水平埋设，其钢管、角钢或扁钢的根数均不应小于2根；接地体与建筑物之间的距离，不应小于1.5 m，与独立避雷针的接地体之间则不应小于3 m。

（3）常用的人工接地体有垂直打入地下的钢管、角钢以及水平放置的圆钢或扁钢等。

①为满足同样的接地电阻要求，以采用钢管最为经济；且它容易打入地下深处，钢管附近的土壤冬季不易结冻，夏季不会晒干，故其接地电阻稳定。

②管形接地体与接地线的连接简单、容易，且便于观察与检查。

③钢管的机械强度较高，便于用机械办法打入地下，尤其当需要在水泥路面上埋设时，可以避免路面受到大面积破坏。

④在需人工方法降低土壤电阻率时，钢管接地体的管口易于加入盐类等溶液。

（4）接地体一定要埋到冻土层以下。接地体的接地电阻值应符合规定要求才能保障人身安全。若埋地深度不足，便难以取得合格的接地电阻值。当土壤温度下降时，若其所含水分等不变，则土壤温度越低接地电阻越大，在土壤冻结后，电阻将会显著增大。若接地体的流散电阻达到一定数值，就会使接地失去根本意义。所以，必须将其埋到冻土层以下。

第五节　电气接地装置的运行维护

一、电气接地装置的竣工验收

1.提交技术资料。

新安装的接地装置，为了确定其是否合乎设计和规程的要求，在工程完工以后，必须经检验合格后才能正式投入运行。在检验时，施工单位必须提交下列技术文件：

（1）接地装置施工图与接线图。

（2）接地装置地下隐蔽部分的安装记录。

（3）接地装置的测量记录。

2.外观检查的项目。

检查接地线的导体是否完整、平直与连续；接地线与电气设备的连接，当采用螺栓连接时，是否装有弹簧垫圈和接触可靠；接地线或接零线相互间的焊接，其迭焊长度与焊缝是否合乎要求；接地线穿过建筑物的墙壁或基础时，是否加装了防护套管；当与电缆、管道、铁道等交叉时，是否有遮盖物加以保护；在经建筑物的伸缩缝处是否装设了补偿装置；当利用电管、封闭式母线外壳或行车钢轨等作为接地线时，各分段处是否涂有适当的涂料；接地线表面是否按规定进行了涂漆或涂色等。

3.接地电阻值检查要求。

除了外观检查，还必须进行接地装置的接地电阻测量和重点抽查触头及接点的电阻。测量接地电阻时，可不必断开自然接地体和人工接地体，但必须考虑土壤干燥或水冻期的增高系数。在中性点直接接地的380/220 V或220/127 V系统中，还应有重点地测量"相–零回路"的阻抗和零线重复接地装置的接地电阻。

关于不同工作制的电力线路的接地电阻、防雷设备的接地电阻、电压为3 kV及以上电力线路杆塔接地电阻，其容许值可见表3-3。

任何接地装置的接地电阻，若在0.5 Ω以下，均可认为是合乎标准的。

由接地干线到接地的电气设备间的接地电阻值，应不大于0.05 Ω。

二、电气接地装置的运行管理

1.接地装置的技术管理。

接地装置应具备以下技术资料：

（1）原始设计资料，接地电阻值的计算及施工接线图。

（2）接地装置的安装方位图、隐蔽工程图及竣工图。
（3）接地装置验收记录，接地电阻值测试记录。
（4）接地装置变更修改的检修记录。

2.接地装置的运行管理。

在运行过程中，接地线由于有时遭受外力破坏或化学腐蚀等影响，往往会有损失或断裂的现象发生。接地体周围的土壤也会由于干旱、冰冻的影响，而使接地电阻发生变化。因此，必须对接地装置进行定期的检查和试验。

接地装置外露部分的检查，必须与设备的小修及大修同时进行。这样，如遇有接地线有损伤或断线现象，应立即予以修复。而对那些不致马上形成事故的缺陷，如清除铁锈、涂漆以及调换截面不合乎要求的接地线等，可以按预定的检修计划来进行修理。

接地装置试验期限的长短，视接地装置的不同作用而定。一般说来，防雷接地装置接地电阻的试验期限较长，工作接地和保护接地的试验期限较短。

三、电气接地装置的维护检查周期及内容

1.检查周期。

接地装置应按规程规定期进行检查。接地装置电阻值的测量每年在土壤电阻率较大的干燥季节进行，防雷装置的接地电阻值在每年雷雨季节前检查测量，一般北方地区在3~4月或11月以后进行。具体规定：

（1）变、配电所的接地网，每年检查测量一次。

（2）车间电气设备的接地线每年至少检查两次，接地装置的接地电阻值每年测量一次。

（3）各种防雷保护的接地装置，每年最少检查一次；架空防雷接地装置，每两年测量一次接地电阻值。

（4）独立避雷针的接地装置，每年至少检查一次，接地电阻值两年测量一次。

（5）10kV及以下线路变压器，工作接地装置每两年测量一次接地电阻值。

高压输电线路杆塔上的过电压保护装置和独立避雷针的接地装置，其接地电阻的试验，至少每两年进行一次。如该接地装置周围的土壤经过人工处理以提高土壤导电率的，则试验期限应缩短为至少每年一次。

发电厂和变电所的电气设备，其接地电阻试验至少每两年进行一次。

工业企业的变电所和电气设备接地装置的电阻试验，接地线或接零线外露部分的检查，至少每年进行一次。而击穿保险器，则应每月检查一次。

当自然接地体或人工接地体经过修理，以及人工接地体重新经过安装或在发生接地故障沿接地装置流经很大的短路电流后，都要对接地装置进行检查和试验。

接地电阻的试验，应在土壤电阻系数最高的时期内进行。如第一次在夏季土壤最干燥时期试验，则第二次应在冬季土壤冰冻最甚时期进行。每次进行检查和试验后，应将下列各点详细地记录在接地装置的检查试验记录簿内。

（1）试验日期、地点，试验前及试验时的天气情况，如气温、晴或雨。

（2）测量方法。

（3）被测接地体、轴助接地体和接地棒的接地电阻和它们之间的布置距离。

（4）接地回路中流经的电流和回路上的对地电压。

（5）在测量范围内具有最大接触电压的工作物。

（6）在测量范围内具有最大跨步电压的地带。

（7）绘制重要地带的电位分布曲线。

（8）检查试验时发现的不正常现象及处理情况。

2.编制的资料。

为了更好地掌握接地装置的运行情况，除了备有上述接地装置的检查和试验记录簿，还应编制下列资料：

（1）接地装置的平面布置图：在图上应绘有接地装置距永久性建筑物的坐标尺寸，用来作为自然接地体的地下金属管道等的位置，以及接地装置的编号等。

（2）接地装置的系统图：在图上应注有技术数据和计算数据，如接地电阻、接地短路电流、土壤电阻系数等。

在运行中的电力系统，不论是中性点接地还是不接地，都应力求防止接地短路的发生。为此，必须经常而仔细地检查系统和设备的绝缘状态。特别在中性点不接地或经高电阻接地的系统中，这一要求更为重要。因为在发生不切断的双重接地短路时，是存在着很大的触电危险性的。为了监视系统和设备的绝缘状态，有在变电所装设指示灯或警报器的，也有装设三只电压表的。后者只能认为是一种补充的措施，因为在三相绝缘水平均匀地降低时，各电压表的读数彼此相差很小，电压表不能指示出绝缘的实际状态。

为了对电压为1000 V以下的系统和电气设备的绝缘进行连续监视，最好采用绝缘电阻偏差计。利用这种仪器能及时地发现绝缘水平降低的地点，从而及时消除缺陷。

3.接地装置运行中的巡视检查内容。

（1）检查电气设备与接地线、接地网的连接处有无松动脱落现象。

（2）挖开接地装置距地面500 mm处，检查接地线与地下接地体连接部分的腐蚀程度。

（3）检查接地线有无损伤、断股、腐蚀及固定螺丝松动现象。

（4）对于移动式电气设备，每次使用前检查接地线压接是否牢固，接触是否良好，有无松动、脱落、断股现象。

（5）人工接地体周围地面上，不应堆放及倾倒有强烈腐蚀性的物质。

（6）在巡视检查中，发现下列情况之一时，应进行维修。

①测量接地电阻时，其阻值超过规定值。

②接地装置焊接处开焊脱落。

③接地线与电气设备接地端、接地网连接螺丝松动或接触不良。

④接地线机械损伤，断线、断股及严重腐蚀（截面积小于30%）。

⑤接地体被雨水冲刷或动土挖掘露出地面。

⑥对含有重酸、碱、盐和金属矿岩等化学成分的土壤地带，应定期对接地装置的地

下500 mm以上部位挖开进行检查，观察接地体的腐蚀程度。

⑦检查分析所测量的接地电阻值变化情况是否符合要求，并在土壤电阻率最大时进行测量，应做好记录，以便分析、比较。

⑧设备每次检修后，应检查接地线是否牢固。

⑨检查接地支线和接地干线是否连接牢固。

四、电气接地装置运行中的常见故障与处理

1. 接地电网中零线带电。

（1）线路上有的电气设备的绝缘破损而漏电，保护装置未动作。

（2）线路上有一相接地，电网中的总保护装置未动作。

（3）零线断裂，断裂处后面的个别电气设备漏电或有较大的单相负荷。

（4）在接零电网中，个别电气设备采用保护接地且漏电。

（5）变压器低压侧工作接地连接处接触不良，有较大的电阻；三相负荷不平衡，电流超过允许值。

（6）高压窜入低压，产生磁场感应或触电感应。

（7）由于绝缘电阻和对地电容的分压作用，电气设备的外壳带电。

前5种情况较为普遍，应查明原因，采取相应措施给予消除。在接地网中采取保护接零措施时，必须有一个完整的接零系统，才能消除带电。

2. 接地装置出现异常现象。

（1）接地体的接地电阻增大，一般是因为接地体严重锈蚀或由接地体与接地干线接触不良引起，应更换接地体或紧固连接处的螺栓或重新焊接。

（2）接地线局部电阻增大，是因为连接点或跨接过渡线轻度松散，连接点的接触面存在氧化层或污垢，应重新紧固螺栓或清理氧化层和污垢后再拧紧。

（3）接地体露出地面，应将接地体深埋，并填土覆盖、夯实。

（4）遗漏接地或接错位置，在检修后重新安装时，应补接好或改正接线错误。

（5）接地线有机械损伤、断股或化学腐蚀现象，应更换截面积较大的镀锌或镀锡接地线，或在土壤中加入中和剂。

（6）连接点松散或脱落，发现后应及时紧固或重新连接。

第三章 ※ 思考题

3-1. 电力系统接地的概念是什么？
3-2. 电力系统的接地有哪些要求？
3-3. 电力系统的电气设备主要的接地形式分哪几类？
3-4. 配电变压的接地有何要求？
3-5. 配电避雷器的接地有何要求？
3-6. 什么是工作接地？什么是保护接地？
3-7. 电力系统的接地一般由什么材料构成？
3-8. 电力系统的接地电阻值有何要求？
3-9. 如何降低电力系统的接地电阻值？

第四章

Disizhang

电力设备

第一节　电力变压器及互感器

一、变压器

变压器是利用电磁感应的原理来改变交流电压的装置，主要构件是初级线圈、次级线圈和铁芯（磁芯）。大型变压器主要由变压器本体、绝缘套管、油枕、散热管等组成，其中变压器本体包括箱体、铁芯、绕组（线圈）、绝缘结构、引线和分接开关（图4-1）。

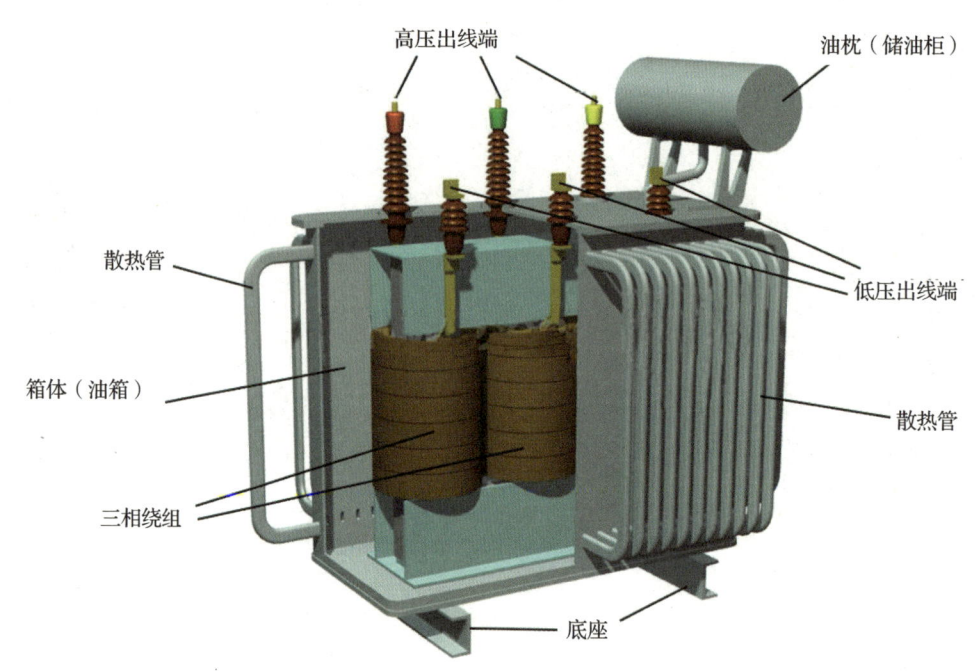

图4-1　三相变压器内部结构

（1）基本原理：变压器是利用初级线圈与次级线圈间的电磁感应，将一种电压等级的交流电能转换成同频率的另一种电压等级的交流电能。如图4-2所示。

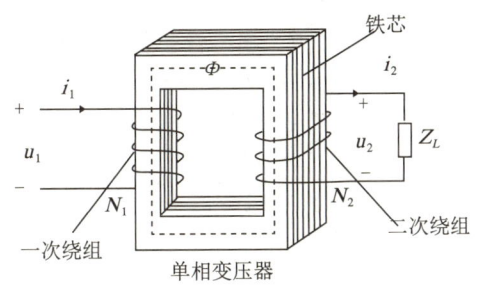

图4-2 单相变压器工作原理示意图

（2）变压器主要参数：

额定电压：变压器长时间运行时所能承受的工作电压。

额定电流：变压器在额定容量下运行时绕组的电流，等于额定容量除以该绕组的额定电压及相应的系数（单相为1，三相为$\sqrt{3}$）。

动稳定：当发生短路故障时，短路电流产生的电磁力容易引起变压器结构及支撑件的机械变形，动稳定性不足可能导致设备短路。

热稳定：当发生短路故障时，变压器短时间发热过大导致导体融化或者固定件、绝缘件、绝缘层严重劣化。

容量：变压器在出厂时铭牌标定的额定电压、额定电流下连续运行时能输送的容量。

空载损耗（铁损）：指变压器二次侧开路、一次侧加额定电压时，变压器的损耗。它等于变压器铁芯的涡流损耗和激磁损耗，是变压器的重要性能指标。

短路损耗（铜损）：变压器线圈电阻所引起的损耗。

以下是我们常见的电力变压器（图4-3，4-4）：

图4-3 大型变压器示例

图4-4　35 kV变压器

在城市或者有防火等环境需求的场所，一些小型变压器常采用干式结构（图4-5）。

图4-5　10 kV干式配电变压器

（3）变压器构造及部件（图4-6）：

图4-6　常见配电变压器主要部件示意图

（4）变压器型号及铭牌、意义（图4-7，4-8）：

额定容量（kVA）：额定容量是指变压器在额定电压、额定电流下连续运行时能输送的容量

冷却方式：变压器的冷却方式也有多种，例如油浸自冷、强迫风冷、水冷、管式、片式等

额定电压（kV）：指在变压器工作时，初级绕组（高压侧）上所允许施加的电压值，工作时不应超过这个额定值。变压器的高压侧都有分接抽头，通过调整高压绕组的匝数来调节低压侧的输出电压

绝缘水平：表示变压器各线圈之间、各线圈与铁芯之间的绝缘性能的一个参数。变压器的绝缘电阻越大性能越稳定

额定频率（Hz）：指变压器在工作时允许工作的频率，中国国家标准为50Hz

相数：三相变压器开头以"S"表示，单相变压器开头以"D"表示，或直接用中文标识

额定电流（A）：在变压器额定容量下，允许长期通过的电流值，在工作时，不应超过这个额定值

联结组标号：根据变压器初级、次级绕组的相位关系，把变压器绕组连接成各种不同的组合，称为绕组的联结组，如Dyn11表示初级绕组是三角形联结，次级绕组是带有中心点的星形联结，组号为11点

短路阻抗（%）：把变压器的次级绕组短路，在初级绕组慢慢升高电压，当次级绕组的短路电流等于额定值时初级所施加的电压，一般以额定电压的百分数表示

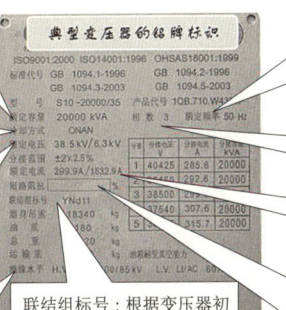

图4-7 电力变压器铭牌释义之一

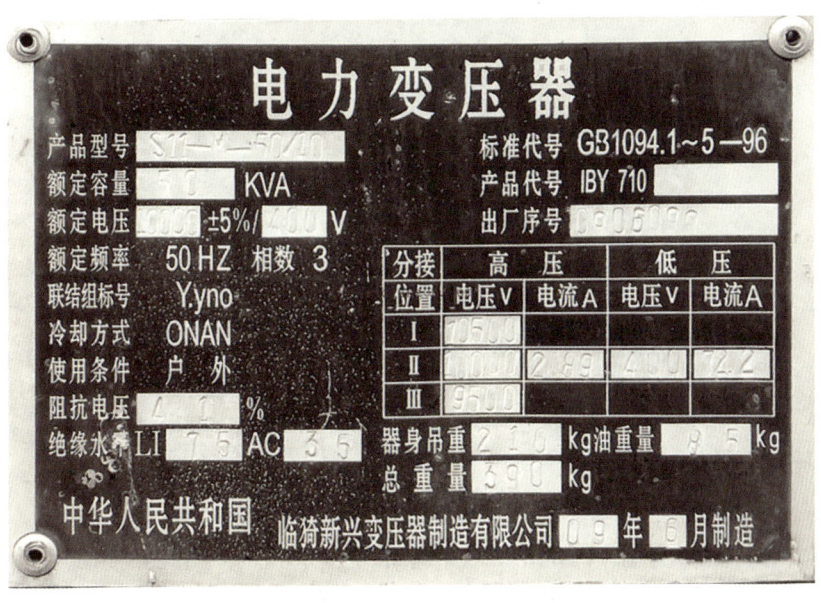

图4-8 电力变压器铭牌释义之二

（5）电力变压器的电气符号（图4-9）：

图形符号	说明
 ——	铁芯
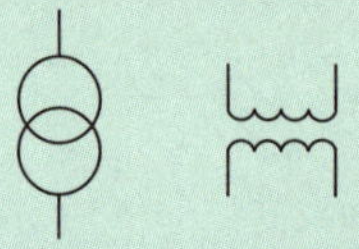	双绕组变压器
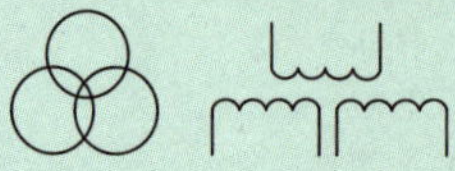	三绕组变压器
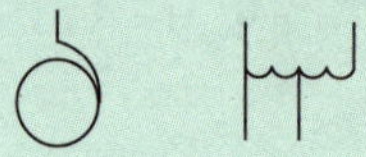	自耦变压器
	电抗器、扼流圈
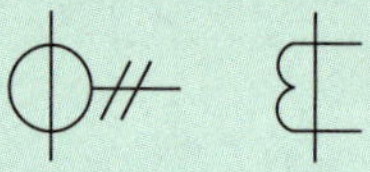	电流互感器 脉冲变压器
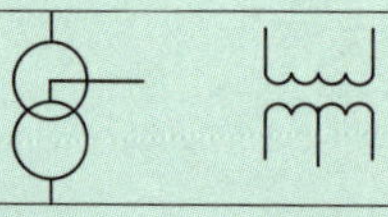	在一个绕组上有中心抽头的变压器
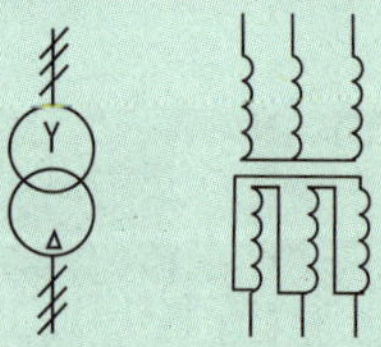	三相变压器 星形-三角形联结
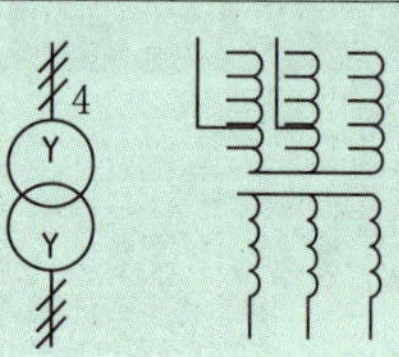	具有四个抽头（不包括主抽头）的 三相变压器 星形-星形连接

图4-9 电力变压器的电气图符

二、电压互感器

电压互感器简称PT，是用来变换电压的仪器，主要是用来给测量仪表和继电保护装置供电，用来测量线路的电压、功率和电能，或者用来在线路发生故障时保护线路中的贵重设备、电机和变压器，因此电压互感器的容量很小，一般只有几伏安、几十伏安，最大也不超过一千伏安。电压互感器一般有两个绕组，一个叫一次绕组，一个叫二次绕组。两个绕组都装在或绕在铁芯上。两个绕组之间以及绕组与铁芯之间都有绝缘，使两个绕组之间以及绕组与铁芯之间都有电气隔离。电压互感器在运行时，一次绕组N_1并联接在线路上，二次绕组N_2并联接仪表或继电器。因此在测量高压线路上的电压时，尽管一次电压很高，但二次却是低压的，可以确保操作人员和仪表的安全。

1.电压互感器的分类及用途：

（1）按工作原理可分为电磁式电压互感器、电容式电压互感器和电子式电压互感器。

电磁式电压互感器（图4-10）：根据电磁感应原理变换电压，原理和基本结构与变压器完全相似，我国多在220 kV及以下电压等级采用。

图4-10 电磁式电压互感器示例

电容式电压互感器（图4-11）：由电容分压器、补偿电抗器、中间变压器、阻尼器及载波装置防护间隙等组成，目前我国110 kV~500 kV电压等级均有应用，超高压只生产电容式电压互感器。

图4-11 电容式电压互感器示例

电子式电压互感器（图4-12）：根据光电变换原理实现电压变换。

图4-12 电子式电压互感器示例

（2）按用途可分为测量用和保护用两类。

测量用电压互感器在正常电压范围内，向测量、计量装置提供线路电压信息。

保护用电压互感器在电网故障状态下，向继电保护等装置提供线路故障电压信息。

（3）按安装地点可分为户内式和户外式（图4-13，4-14）。

35 kV及以下多制成户内式，35 kV以上则制成户外式。

（4）按相数分为单相式和三相式。

单相式电压互感器一般在35 kV及以上电压等级采用，三相式电压互感器一般在35 kV以下电压等级采用。

图4-13 三芯五柱式户内电压互感器示例一（右图为户外式）

图4-14 三芯五柱式户内电压互感器示例二（右图为户外式）

（5）按绕组数分为双绕组式和三绕组式。

双绕组电压互感器：供测量用的电压互感器一般做成单相双绕组结构，当两端绝缘等级相同时，可以单相使用，也可以组合起来三相使用。

三绕组电压互感器：供接地保护用的电压互感器一般除了一、二次绕组还有一个辅助二次绕组，其功能是辅助二次绕组提供绝缘检测以及零序回路。三绕组电压互感器一般做成单相，三相的三绕组电压互感器的辅助绕组结成开口三角形，一旦系统发生单相接地时中性点出现位移，辅助二次绕组上会出现一个零序电压。

（6）按绝缘介质可分为干式、浇注式、油浸式和充气式。

干式电压互感器：由普通绝缘材料浸渍绝缘漆作为绝缘，多用在500 V及以下低电压等级。

浇注式电压互感器：由环氧树脂或其他树脂混合材料浇注成型，多用在35 kV及以下电压等级。

油浸式电压互感器：由绝缘纸和绝缘油作为绝缘，是我国最常见的结构型式，常用在220 kV及以下电压等级。

充气式电压互感器：由气体作主绝缘，多用在超高压、特高压等级。

2.电压互感器的铭牌和释义（图4-15）：

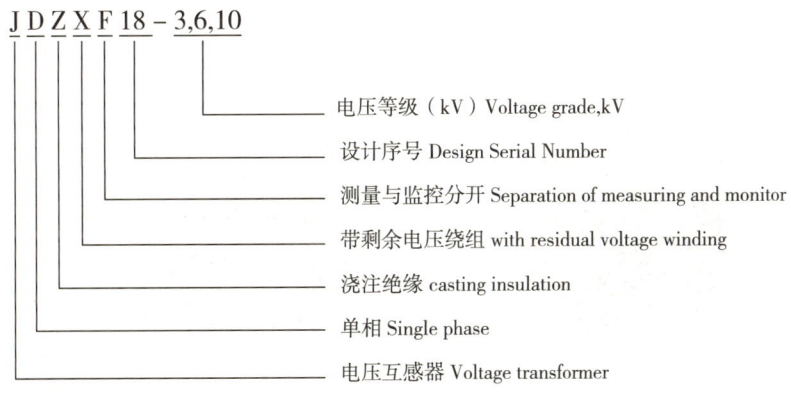

图4-15 电压互感器铭牌示例

第一个字母的含义为：J——电压互感器。

第二个字母的含义为：D——单相，S——三相。

第三个字母的含义为：J——油浸式，Z——环氧浇注式，G——干式，Q——气体介质，C——瓷箱式。

第四个字母的含义为：B——三相带补偿绕组，C——串级式带剩余电压绕组结构；W——三绕组三相五铁芯柱结构，X——带剩余电压绕组，J——接地保护用。

如：JDG为单相干式电压互感器，JDZJ为单相浇注式接地型电压互感器，JSJB为三相油浸式带补偿绕组电压互感器，JSJW为三相三绕组五铁芯柱油浸式电压互感器，JDZX为环氧浇注式单相串级式带剩余电压绕组电压互感器。

3.电压互感器的电气符号与变压器相同，根据其接线方式选适用的即可。

三、电流互感器

电流互感器简称CT，是依据电磁感应原理将一次侧大电流转换成二次侧小电流来测量的仪器，由闭合的铁芯和绕组组成。它的一次侧绕组匝数很少，串在需要测量的电流的线路中，因此它经常有线路的全部电流流过；二次绕组匝数比较多，串接在测量仪表和保护回路中，电流互感器在工作时，它的二次回路始终是闭合的，因此测量仪表和保护回路串联线圈的阻抗很小，电流互感器的工作状态接近短路。

1.电流互感器的分类：

（1）按工作原理可分为电磁式电流互感器、电子式电流互感器。

（2）按用途可分为测量用电流互感器和保护用电流互感器。

测量用电流互感器：在正常工作电流范围内，向测量、计量等装置提供电网的电流信息。

保护用电流互感器：在电网故障状态下，向继电保护等装置提供电网故障电流信息。

（3）按绝缘介质可分为干式电流互感器、浇注式电流互感器、油浸式电流互感器和气体绝缘电流互感器。

干式电流互感器：由普通绝缘材料经浸漆处理作为绝缘。

浇注式电流互感器（图4-16）：用环氧树脂或其他树脂混合材料浇注成型的电流互感器。

图4-16 浇注式户内电流互感器

油浸式电流互感器（图4-17）：由绝缘纸和绝缘油作为绝缘，一般为户外型。

图4-17 油浸式电流互感器

气体绝缘电流互感器（图4-18）：主绝缘由气体构成。

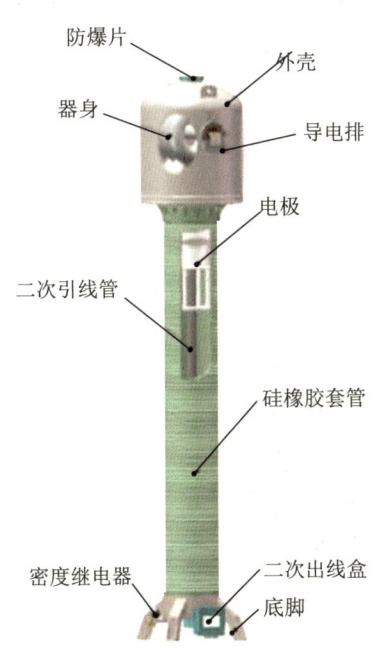

图4-18 气体绝缘户外电流互感器

（4）按安装方式可分为贯穿式、支柱式、套管式和母线式。

贯穿式电流互感器（图4-19）：用来穿过屏板或墙壁的电流互感器。

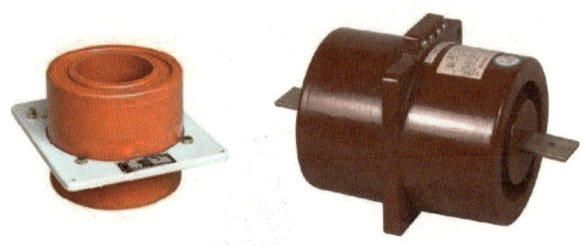

图4-19 贯穿式电流互感器

支柱式电流互感器（图4-20）：安装在平面或支柱上，兼做一次电路导体支柱用的电流互感器。

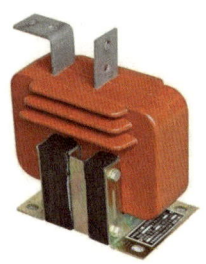

图4-20 支柱式电流互感器

套管式电流互感器（图4-21）：没有一次导体和一次绝缘，直接套装在绝缘的套管上的一种电流互感器。

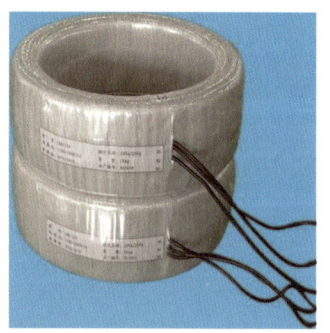

图4-21 套管式电流互感器

母线式电流互感器（图4-22）：没有一次导体但有一次绝缘，直接套装在母线上使用的一种电流互感器。

图4-22 母线式电流互感器

2.电流互感器的铭牌和释义（图4-23）：

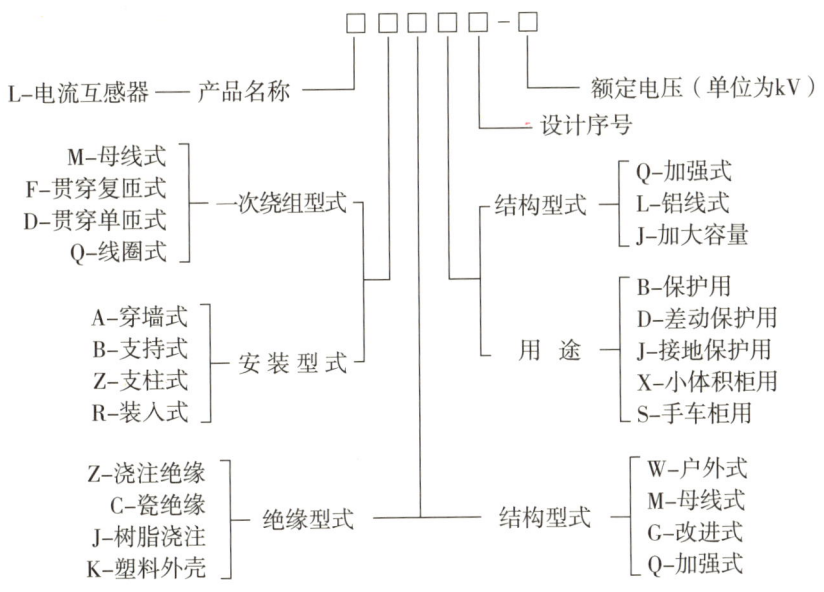

图4-23 电流互感器的铭牌和释义

例如：

图4-20所示的LZZBJ9-10 A，400/5，表示支柱式浇注绝缘保护用加大容量型电流互感器，电压等级是10 kV，变比是400/5；

图4-22所示的LMZB2-10Q，表示母线式浇注绝缘保护用电流互感器，电压等级为10 kV。

3.电流互感器的电气符号（图4-24）：

图形符号	说明
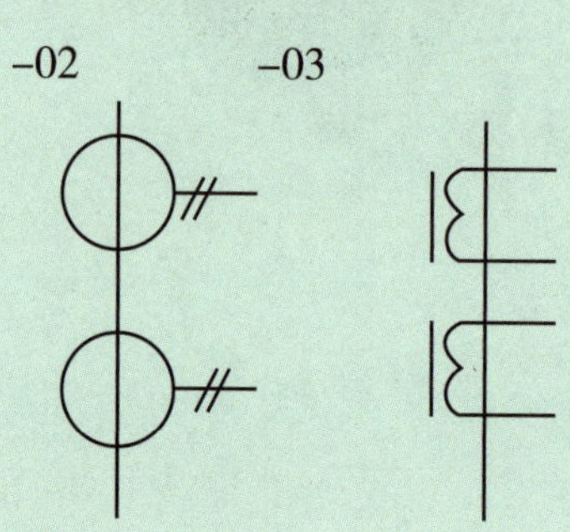 -02　　-03	具有两个铁芯和两个次级绕组的电流互感器

图4-24 电流互感器的电气图符

第二节　断路器及开关类设备

一、断路器

1.断路器的作用：断路器是电力系统中一种具有较大的接通和分断能力的自动开关，在电力系统中起保护和控制作用。除能在正常工作情况下操作外，还能在短路情况下接通和断开电流。

高压电路中断路器的操作方式有手动、电动、气动、液压等；按开断介质可分为油断路器（已经基本淘汰）、真空开关（即用高真空作为灭弧介质和灭弧后触头间隙的绝缘介质）、六氟化硫（SF6）开关（即利用六氟化硫SF6气体作为灭弧介质和绝缘介质）、低压电路中使用空气断路器；从外形上区分为户外大型、小型、柱上，户内真空小车式、低压开关等。如图4-25~4-28所示。

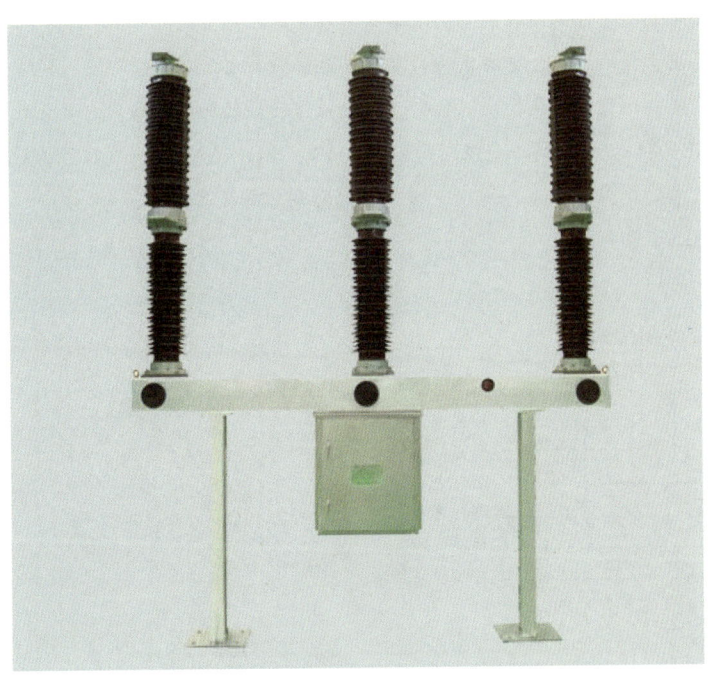

图4-25　常见的110 kV户外真空断路器

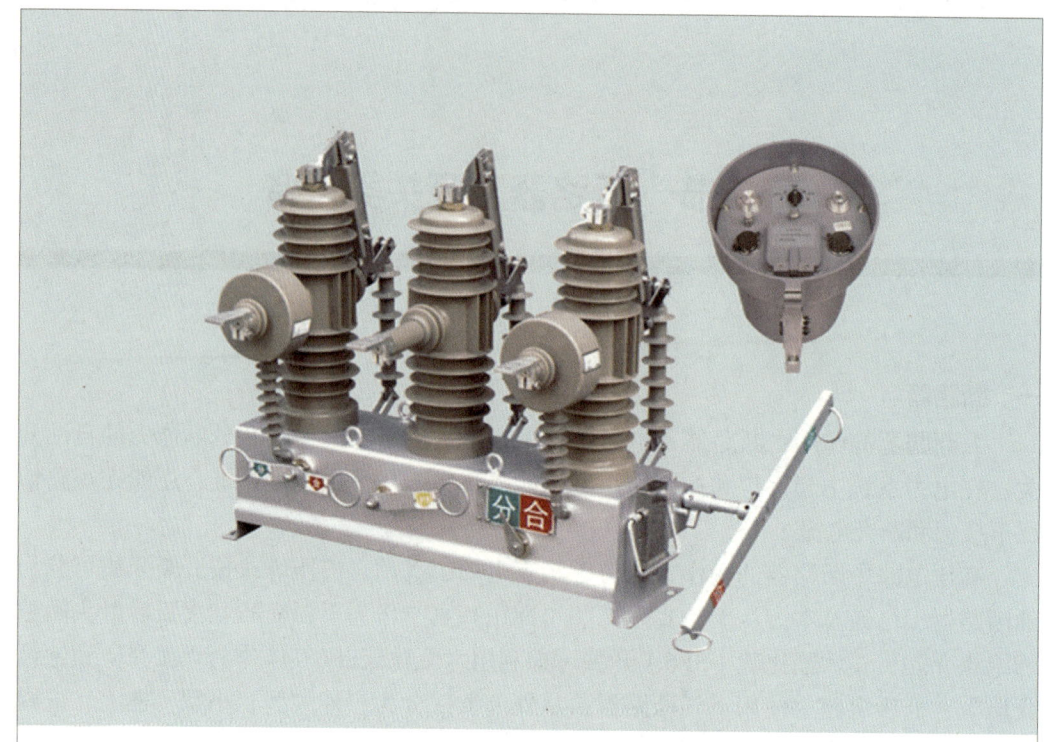

ZW43-12（G）户外高压智能断路器

概述：

ZW43-12G型户外高压智能真空断路器为额定电压12 kV、三相交流50 Hz的户外高压开关设备，主要用于开断、关合电力系统的负载电流、过载电流及短路电流，适用于变电站、工矿企业及城乡配电网作保护和控制，特别适用于操作频繁的场所和城网自动化配电网络。符合下述标准：GB1984-2003《高压交流断路器》，GB／T11022-2011《高压开关设备和控制设备标准的共用技术要求》，DL402-91《交流高压断路器订货技术条件》……

产品型号含义：

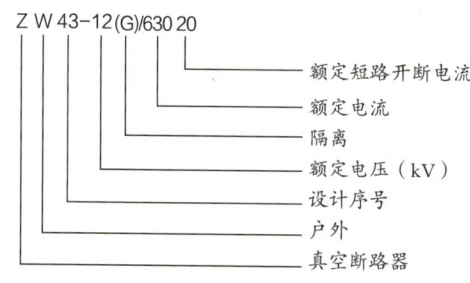

图4-26 常见的10 kV户外柱上真空断路器及型号释义

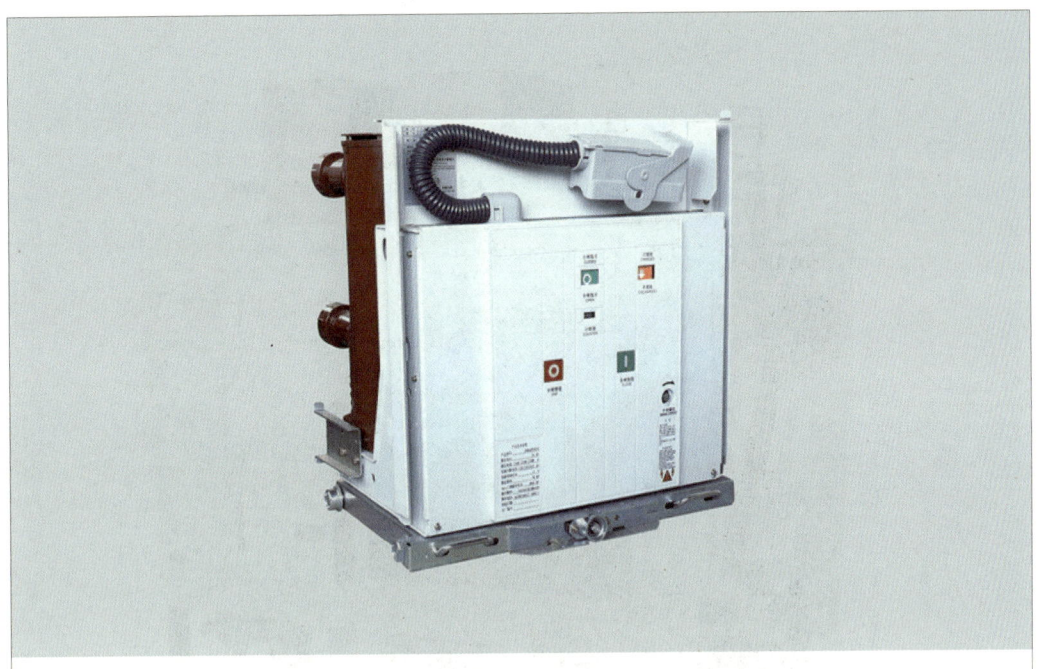

VS1-12户内高压真空断路器/手车式

概述:

  VS1-12户内手车式高压真空断路器适用于三相交流50 Hz，额定电压为7.2 kV~12 kV的电力系统中作投切各种不同性质的负荷及频繁操作的场合，可供工矿、企业、发电厂及变电站电气设备的保护和控制之用。可配用KYN28A-12（GZS1）等中置手车式开关柜，也可配用XGN-□固定式开关柜。

  VS1-12户内手车式高压真空断路器符合国家标准GB1984-2003《高压交流断路器》、JB3855《3.6~40.5 kV户内交流高压真空断路器》，满足DL/403-91《10~35 kV户内高压真空断路器订货技术条件》。

正常使用环境：

- 环境温度：上限+40℃，下限-15℃（允许在-30℃时储运）；
- 海拔高度：不超过2000 m；
- 相对湿度：日平均值不大于95%，月平均值不大于90%；
- 饱和蒸汽压：日平均值不大于2.2×10^{-3}Mpa，月平均值不大于1.8×10^{-3}Mpa；
- 地震烈度不超过8度；
- 无火灾、爆炸、严重污秽、化学腐蚀及剧烈振动场所。

图4-27 常见的10 kV户内手车式真空断路器及型号释义

(1) DW-15型 弹簧储能操动机构的低压空气断路器

(2) 塑壳带漏电保护功能的低压空气断路器

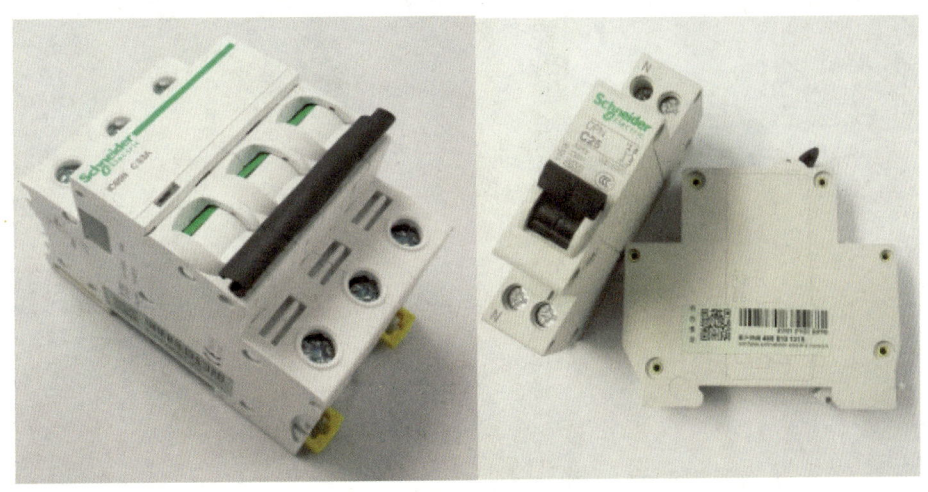

（3）家用小型断路器

图4-28 常用低压空气断路器

2.断路器的基本参数释义：

额定电流：开关设备在规定的温度下，断路器长期允许通过的工作电流。

额定电压：开关设备正常工作时的电压（一般指线电压）。

开断电流峰值：在额定电压下，开关电器能保证可靠开断的最大电流。

开断容量：指开关电器无损的开断的最大容量。

动稳定：当线路中发生短路故障时，巨大的短路电流流过开关电器，会对开关电器产生剧烈的电动力效应，导致开关电器结构破坏甚至崩解。短路接通能力是开关电器能够接通的最大且不会出现结构性破坏的电流值，即动稳定电流。

热稳定：当线路中发生短路故障时，巨大的短路电流流过开关电器，会对开关电器产生剧烈的发热效应，导致开关电器导电部分产生变形甚至熔融。短时耐受电流是衡量开关电器抵御短路电流热冲击能力的技术指标，即热稳定电流。

3.断路器的电气符号（图4-29）：

图4-29 断路器的电气符号

二、隔离开关（刀闸）

1.隔离开关的作用：主要用于隔离电源、倒闸操作，用以连通和切断小电流电路，是一种无灭弧功能的开关电器。

2.隔离开关示例（图4-30，4-31）：

图4-30 110 kV户外隔离开关

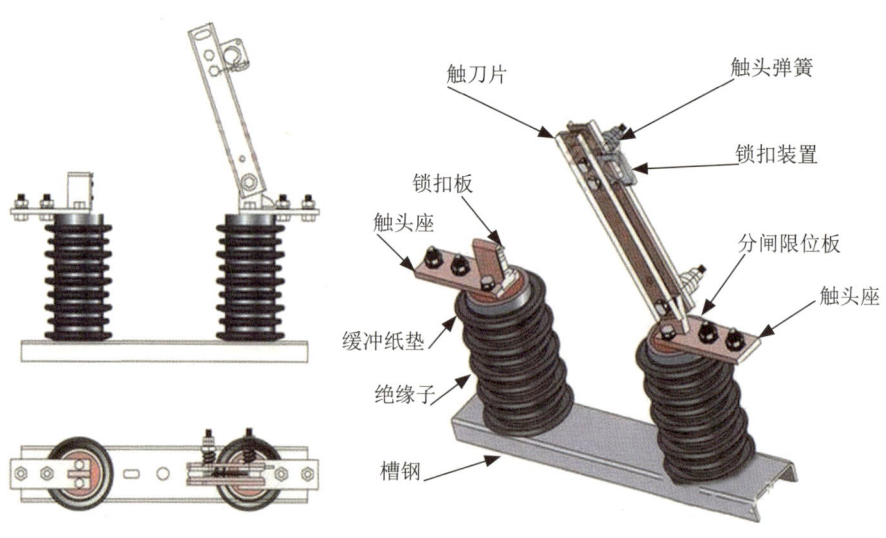

图4-31 10 kV单相隔离开关

3.隔离开关的型号及其释义（图4-32）：

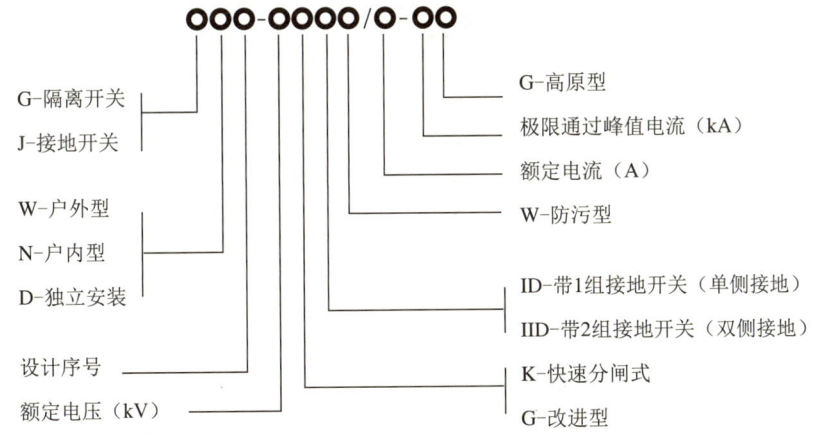

图4-32 隔离开关的型号及释义

额定电压：隔离开关正常工作时，允许施加的最高电压，一般为回路标称电压的1.2/1.1倍。

额定电流：可以长期通过且各部分发热温度不超过允许值的最大电流。

三、熔断器

1.概念：熔断器是当电流超过规定值时，以本身产生的热量使熔体熔断、断开电路的一种开关电器。熔断器是电力系统中用量极大的设备元件，有多种形式的熔断器。

2.熔断器的电气图符（图4-33）：

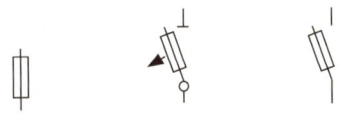

图4-33 熔断器的电气图符

3.常见熔断器（图4-34，4-35）：

图4-34 （左）10 kV户外跌落式熔断器；（右）10 kV户内熔断器

图4-35 常见低压熔断器

4. 熔断器的主要电气参数：

额定电流：熔断器能长期通过且正常工作的最大电流。

额定电压：熔断器长期工作和分段时能正常使用耐受的电压，一般会大于或等于电器设备的额定电压，否则在熔断器熔断时会出现持续飞弧和被电压击穿的危险。

四、负荷开关

1. 负荷开关的作用：负荷开关是介于断路器和隔离开关之间的一种开关电器，具有简单的灭弧装置，能切断额定负荷电流和一定的过载电流，但不能切断短路电流。目前这种设备常用于环网柜等一些不需要开断故障电流的成套设备，造价较断路器便宜。

2. 负荷开关电气符号（图4-36）：

图4-36 负荷开关电气符号

3. 常见负荷开关（图4-37）：

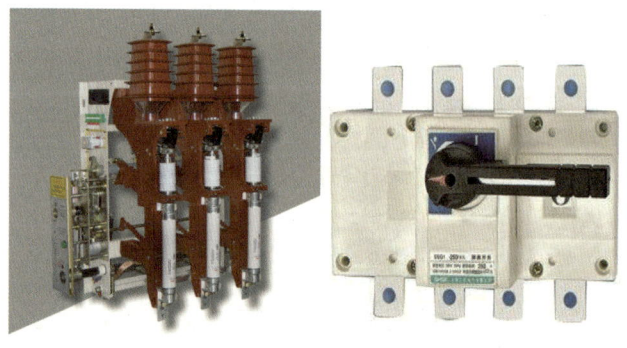

图4-37 （左）10 kV户内负荷开关；（右）低压负荷开关

4.负荷开关主要电气参数：

额定电压：负荷开关长期稳定工作的标称电压。
额定电流：能长期通过且正常工作的最大电流。
额定负荷功率：能正常开断的最大负荷功率。

五、操动机构

供操作高压断路器、高压负荷开关及高压隔离开关使用的电气控制设备。

根据能量形式不同，操动机构可以分为手动操动机构、电磁操动机构、弹簧操动机构等。

手动操动机构（图4-38）：靠手动直接合闸的操动机构，主要用来操动电压等级低、额定开断电流很小的开关。优点是结构简单，不要求配备复杂的辅助设备及操动电源，缺点是不能自动重合闸，只能就地操作，不够安全。

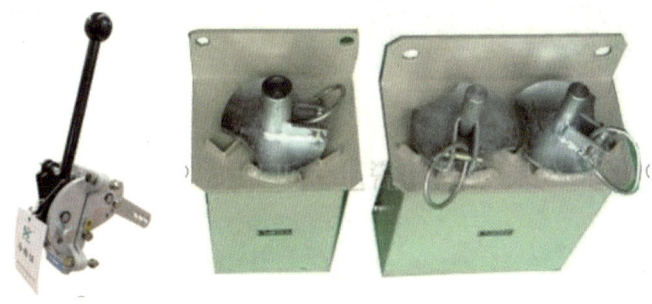

图4-38 手动操动机构：（左）户内隔离开关；（右）户外隔离开关

电磁操动机构（图4-39）：靠电磁力合闸的操动机构。优点是机构简单、工作可靠、制造成本低，缺点是合闸线圈消耗的功率太大，需要配备价格昂贵的蓄电池，合闸电流较大，结构比较笨重，动作时间较长。

 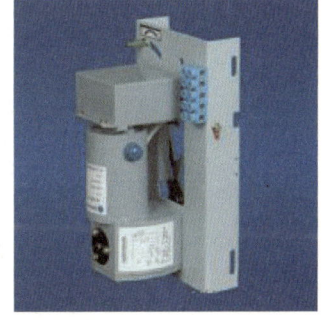

图4-39 电磁操动机构

弹簧操动机构（图4-40）：利用储能的弹簧为动力使开关实现合闸动作的操动机

构。可采用人力或小功率、直流电机来驱动，因而合闸功基本不受外界因素（如电源电压、气源气压、液压源液压）的影响，既能够获得较高的合闸速度，又能够实现快速自动重复合闸操作；另外，与电磁操动机构相比，弹簧操动机构成本低、价格便宜。

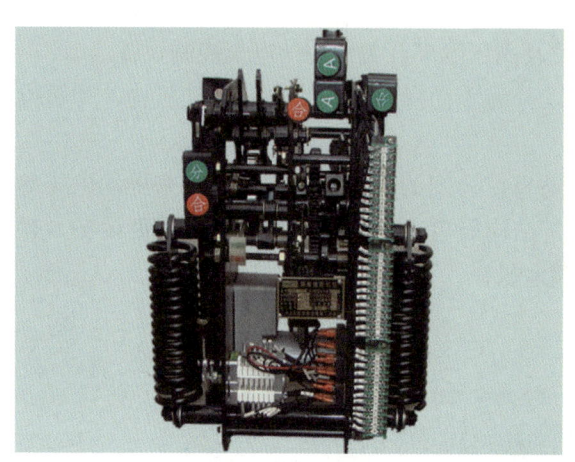

图4-40 弹簧操动机构

第三节　过电压保护类设备

一、什么是过电压？

1.过电压：过电压指峰值大于正常运行下最大稳态电压的相应峰值的任何电压。过电压对电力系统和电力设备的安全运行有很大的危害，它能破坏绝缘、损坏设备，造成人员伤亡和重大事故，影响电力系统正常运行，因此必须对各种类型的过电压加以控制。

2.电力系统过电压主要分以下几种类型：大气过电压、工频过电压、操作过电压、谐振过电压。产生的原因及特点是：

（1）大气过电压：由直击雷引起，特点是持续时间短暂，冲击性强，与雷击活动强度有直接关系，与设备电压等级无关。因此，220 kV以下系统的绝缘水平往往由防止大气过电压的需求决定。

（2）工频过电压：由长线路的电容效应及电网运行方式的突然改变引起，特点是持续时间长，过电压倍数不高，一般对设备绝缘危险性不大，但在超高压、远距离输电确定绝缘水平时起重要作用。

（3）操作过电压：由电网内开关操作引起，特点是具有随机性，但最不利情况下过电压倍数较高。因此330 kV及以上超高压系统的绝缘水平往往由防止操作过电压的需求决定。

（4）谐振过电压：空载线路的电容效应、不对称接地故障和突然甩负荷也可能产生危险的过电压。这种过电压持续时间较长。

二、避雷器

1.避雷器的概念：用于保护电气设备免受雷击时高瞬态过电压危害，并限制续流时间，也常限制续流幅值的一种电器。

2.避雷器的电气图符（图4-41）：

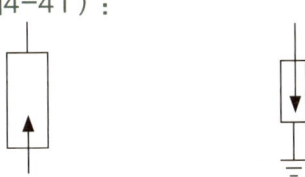

图4-41　避雷器的电气符号

3.常见避雷器(图4-42,4-43):

图4-42 (左)220 kV户外避雷器;(右)110 kV户外避雷器

图4-43 (左)10 kV可拆式避雷器;(右)支柱式避雷器

4.常见避雷器型号及其释义:

避雷器型号见以下说明(图4-44)。

额定电压:允许施加于避雷器端子间的最大工频电压有效值(完成规定的雷电及操作过电压动作负载,特性基本不变,不发生热崩溃)。

残压:衡量避雷器保护性能的一个重要参数,指冲击电流下流过避雷器的压降,包括操作冲击残压和雷电冲击残压。残压越低，保护性能越好。

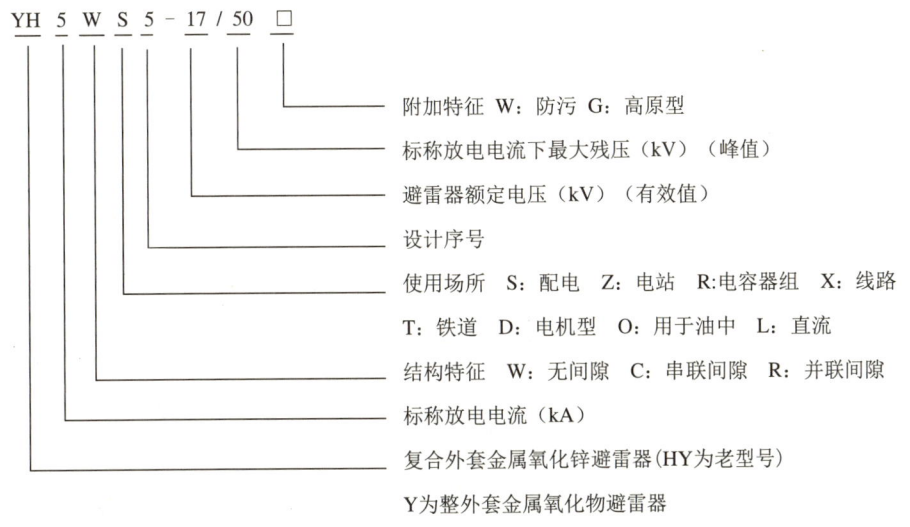

图4-44 避雷器型号说明

泄漏电流：避雷器在额定工频电压下通过避雷器电阻片的电流，包括阻性电流、容性电流，可以反映避雷器的绝缘情况，是运行状态下判断避雷器好坏的重要手段。

并联放电间隙：放电间隙主要是为了保护避雷器，当雷击电压超过避雷器额定电压时，放电间隙击穿，防止避雷器被击穿。

三、避雷线

避雷线指为了保护设备避免雷击而安装的引雷入地的导线，也称防雷线。避雷线是铁质的，避雷针是铜质的（也可以是银质的），避雷针顶端向天，避雷线连接避雷网埋地，避雷线连接避雷针，雷雨季节，雷电从天空由避雷针进入避雷线直至埋地的避雷网，从而消除雷击保护建筑物或仪器。如图4-45所示。

图4-45 电力线路避雷线

四、避雷针

避雷针（图4-46）又名防雷针、接闪杆，是用来保护建筑物、高大树木等避免雷击的装置。在被保护物顶端安装一根接闪器，用符合规格的导线与埋在地下的泄流地网连接起来。

图4-46 变电站的避雷针

作用：当雷云放电接近地面时避雷针使地面电场发生畸变，在避雷针的顶端形成局部电场集中的空间，以影响雷电放电的发展方向，引导雷电向避雷针放电，再通过接地引下线和接地装置将雷电流引入大地，从而使被保护物免遭雷击。

避雷针的保护半径、被保护物高度关系特点（图4-47，4-48）：

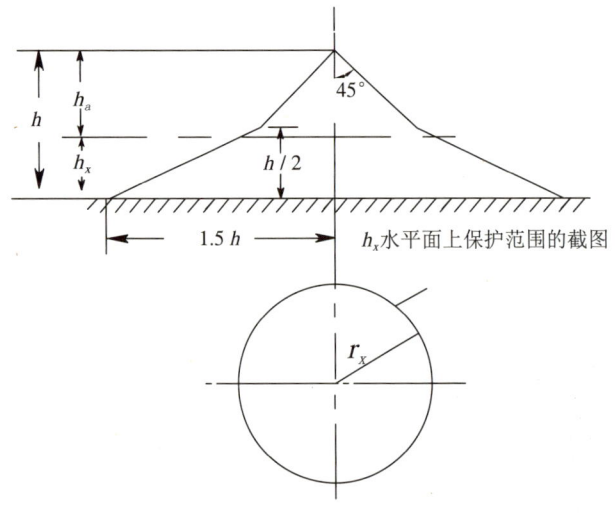

图4-47 单只避雷针的保护范围

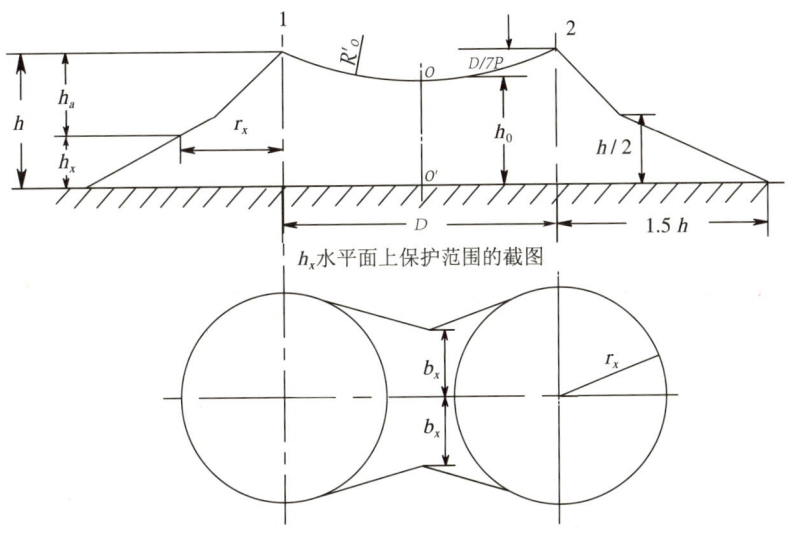

图4-48 高度为h的两等高避雷针的保护范围

五、放电间隙

在配电线路中,一般不装设避雷线,为防止绝缘导线雷击断线,在周围无防雷屏障的地区,可采用在直线杆放电箝位绝缘子(防雷绝缘子),在负荷侧加装放电线夹、放电间隙、避雷器等措施。在雷击线路后,通过放电间隙放电起到保护导线免于烧断的作用。

10 kV线路中,有类似功能的过电压保护设备有很多种,图4-49,4-50是其中常用的几种。

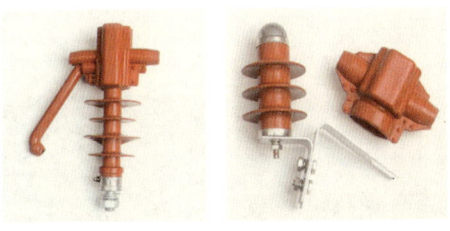

图4-49 (左)防雷支柱绝缘子;(右)穿刺型外间隙避雷器

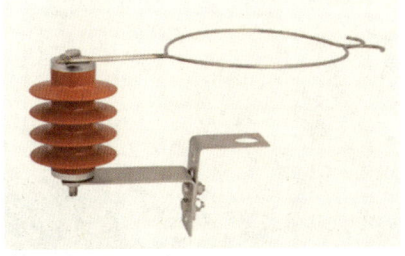

图4-50 线路过电压保护器

第四节　其他常用电力设备及装置

一、电容器

1.电容器的概念：任意两块金属导体，中间用绝缘介质隔开，即构成一个电容器。电容器电容的大小，由其几何尺寸和两极板间绝缘介质的特性来决定。电容器的主要功用就是充电和放电，在电力、电子行业中有大量的应用。而电力电容器指用于电力系统和电工设备的电容器。

当电容器在交流电压下使用时，常以其无功功率表示电容器的容量，单位为乏或千乏，乏用Var表示，那么千乏就用kVar表示。

2.电容器的电气图符（图4-51）：

图4-51 （左）电容器；（右）可变电容器

常见电容器如图4-52，4-53所示。

图4-52 10 kV户外电力电容器

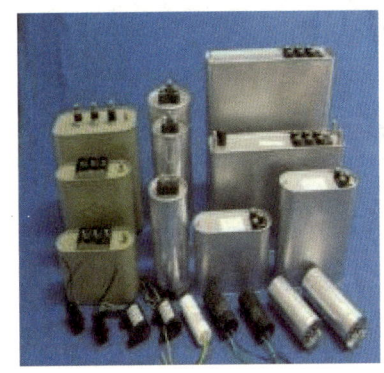

图4-53 低压电力电容器

3.电容器在电力系统中的主要作用：

在具有电抗的交流电路中，电场或磁场在一周期的一部分时间内从电源吸收能量，另一部分时间则释放能量，在整个周期内平均功率是零，但能量在电源和电抗元件（电容、电感）之间不停地交换。交换率的最大值即为"无功功率"。单相交流电路中，其值等于电压有效值、电流有效值和电压与电流间相位角的正弦三者之积，单位为Var，kVar。许多用电设备均是根据电磁感应原理工作的，如配电变压器、电动机等，它们都是依靠建立交变磁场才能进行能量的转换和传递。为建立交变磁场和感应磁通而需要的电功率称为无功功率，因此，所谓的"无功"并不是"无用"的电功率，只不过它的功率并不转化为机械能、热能而已；因此在供用电系统中除需要有功电源外，还需要无功电源，两者缺一不可。

并联电容器：将具有容性功率负荷的装置与感性功率负荷并联接在同一电路从而实现无功补偿的技术。在电网中安装并联无功补偿设备以后，可以提供感性负载所消耗的无功功率，减少了电网电源向感性负荷提供、由线路输送的无功功率，由于减少了无功功率在电网中的流动，因此可以降低线路和变压器因输送无功功率造成的电能损耗。并联无功补偿设备有并联电容器、并联电抗器或静止补偿器、STACOM、同步调相机等。并联补偿在电网无功补偿中应用非常广泛，例如在变电站、开关站、箱变及低压JP柜中，均装设有各种形式、容量大小不同的电容器，用于补偿无功功率。

二、母线

1.母线的功能。 在电力系统中，母线将配电装置中的各个载流分支回路连接在一起，起着汇集、分配和传送电能的作用，是电站或变电站输送电能用的总导线。由于母线在运行中有巨大的电能通过，短路时承受着很大的发热和电动力效应，因此，必须合理地选用母线材料、截面形状和截面积以符合安全经济运行的要求。

铜母线：铜的电阻率低，机械强度高，抗腐蚀性强，是很好的母线材料。但铜较贵重。所以，铜母线一般只用在含腐蚀性气体或有强烈振动的地区，如靠近化工厂或海岸。

铝母线：铝的电阻率为铜的1.7～2倍，而重量只有铜的30%，所以在长度和电阻相同的情况下，铝母线的重量仅为铜母线的一半，且铝母线价格较低。因此，目前我国在屋内和屋外配电装置中一般都采用铝母线。

2.母线的分类。按照母线的结构，有软母线、管形母线、矩形母线等；按照布置方式有户外式、户内式。户外布置的软母线，与线路架设方式类似；户内母线常用各种母线槽进行封闭，用支柱绝缘子固定以保证绝缘和安全。如图4-54～4-58所示。

图4-54 户外高压软母线

图4-55 户外高压管形母线

图4-56 封闭式母线槽

图4-57 封闭式母线桥

图4-58 母线内部结构

3. **母线金具**：用于固定、悬挂以及连接支撑配电装置母线的金具。

母线形式有很多，相应的固定金具也有很多。常用母线金具举例如下（图4-59）。

SBT 铜变压器线夹　　　　　　SBT-P 钢抱杆线夹（平板式）

MDU 管母线悬挂金具　YZ 带电装卸线夹　MDG 软母线固定金具　MGT 管线线 T 接金具　SBG 螺纹式变压器线夹

MGZ、MGZ1、MGF、MGF1 管母线封端球，封端盖　管母线引下线 T 接金具　MGTTT 型线夹　MDG 单导线固定金具

MWL 户外矩形母线固定金具　MNL 户外矩形母线固定金具　MWP 户外矩形母线固定金具　MNP 户内矩形母线固定金具　MSG 双母软线固定金具

MGG MGGH 管形母线固定金具　MGGD 型管母线伸缩线夹　MGS 型管母线伸缩线夹　MGSD 型管母线伸缩线夹

JBB 铁并沟线夹　　BJC 节能线夹　　H 型线夹　　JB-TL 铝异型并沟线夹　　JBT 铜异型并沟线夹

JBL 铝异型并沟线夹　　　　JB 铝并沟线夹　　JBT 铜并沟线夹

图4-59　常用母线金具

母线伸缩节（图4-60）：指补偿母线因温度变化引起的变形和振动变形的伸缩性连接件。铝母线伸缩节通常用0.5 mm的铝箔叠成与母线相同的截面，两端焊以接线板而成。铜母线伸缩节则用铜编织软线与铜接线板焊接而成。

图4-60 母线伸缩节运用

三、计量箱

计量箱（图4-61，4-62）是为了计量电能所必需的计量器具和辅助设备的总体，包括电能表，计量用电压、电流互感器及其二次回路，电能计量屏、柜、箱等。

图4-61 高压计量箱

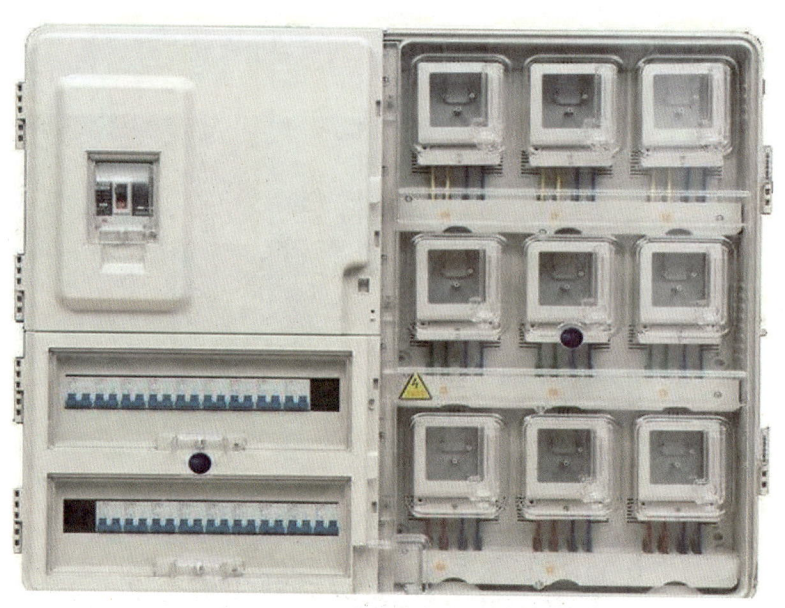

图4-62 低压计量箱（电表箱）

《配电网工程施工工艺手册》（河南省电力公司组，2016）中关于计量装置安装的规定：

（1）安装后箱体与地面距离要求：最高观察窗中心线及门锁距地面高度不超过1.8 m；独立式单表位计量箱、单排排列箱组式计量箱下沿距地面高度不小于1.4 m；多表位计量箱下沿距地面高度不小于0.8 m，当用于地下建筑物（车库、人防工程等）时，则不应小于1.0 m。

（2）接户线与表箱内进线总断路器连接时，采用与导线截面、连接螺栓相匹配的压接端头。禁止将导线绝缘层压入端头内，导线端头压接部位应做好绝缘措施及相色标识。

（3）电能表安装牢固，挂表螺丝和两个定位螺丝均应拧紧，三点固定，垂直安装。

（4）进出表导线和电能表连接时，螺栓拧紧后导体部分应有两个压痕点，但不得有导体外露、挤压绝缘现象。如有剩余接线端子，应做好绝缘处理。

四、下户线

下户线是从低压线路至用户表箱的一段线路，可以是架空线或者电缆；进户线是从表箱到用户家庭的总开关的一段线路。通常来说，下户线及表箱（包括电能表）的产权归属供电部门，进户线则属于用户产权。

五、剩余电流动作保护装置

作用：当发生漏电故障时自动断开，防止人身触电、电气火灾及电气设备损坏。

工作原理：剩余电流保护装置由零序互感器、放大器、主电路断路器组成，当设备或线路正常运行时，主线路各相电流矢量和为零，零序互感器的铁芯无磁通，二次绕组中无感应电压输出，开关保护闭合；当设备或线路中有漏电时，其矢量和不再为零，零序互感器的铁芯磁通有变化，其二次绕组有感应电压输出；当剩余电流达到一定值时，经放大器放大后使主电路断路器动作，切断主电路。

剩余电流保护装置也叫作漏电保护装置，常见的几种如图4-63，4-64所示。

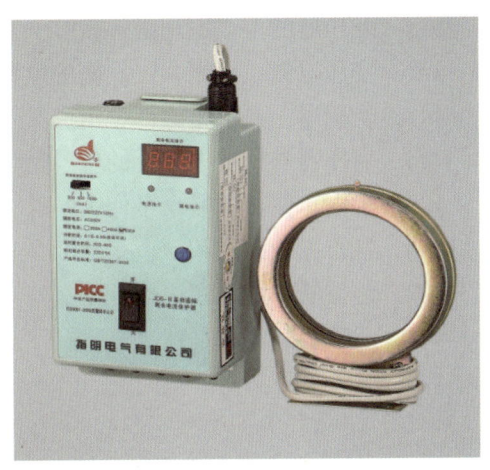

图4-63 鉴相鉴幅式漏电保护器

鉴相鉴幅式漏电保护器常用于JP柜中，用于配电变压器台区与总开关配合，在发生线路漏电或者人身触电时迅速切断电源。家用漏电断路器则安装在家庭配电盒中，一般用作总开关或者卫生间、厨房等易发生漏电的分路开关。

 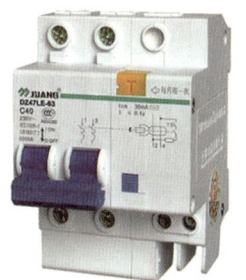

分支线路用　　　　　　家用漏电断路器

图4-64 常用漏电断路器

漏电断路器常用于住宅楼道等单元或者低压分支线路作总开关，如果家用漏电开关失灵，则导致上一级漏电开关跳闸。

第四章※思考题

4-1. 变压器的工作原理是什么？

4-2. 变压器的一次侧和二次侧的电压、电流有什么关系？

4-3. 变压器主要由哪些部分组成？

4-4. 变压器的构造中主要的材料是什么？

4-5. 过电压保护的概念是什么？

4-6. 避雷针的作用和原理是什么？

4-7. 避雷器的作用和原理是什么？

4-8. 避雷线的作用是什么？

4-9. 开关的种类有哪些？

4-10. 隔离开关的类型有哪些？

4-11. 熔断器的作用是什么？

4-12. 开关、隔离开关、熔断器的相同点和不同点各是什么？

4-13. 常用的配电变压器有哪些？各有什么特点？

第五章

Diwuzhang

电力成套装置

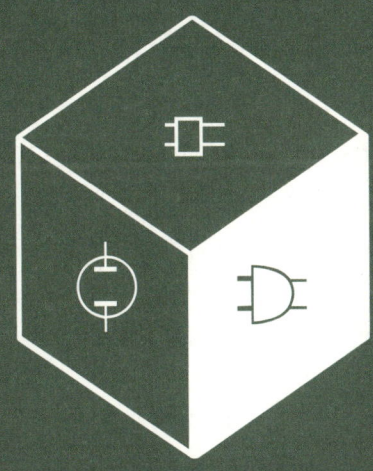

第一节　架空配电线路

一、配电网

（1）在电力系统中，电能是由发电、输电、变电、配电、用电几个环节组成的，电能的发供用一瞬间同时完成。从发电机到用户的整套设备及过程，称为电力系统，如图5-1所示。

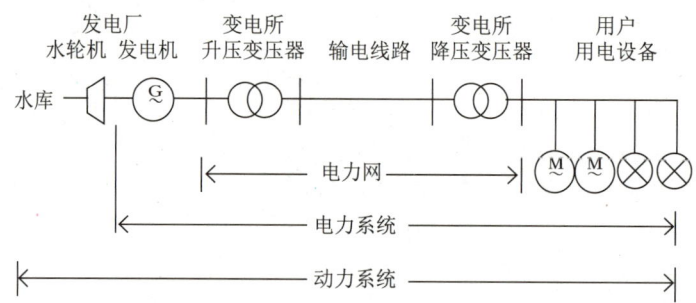

图5-1　电力系统的构成

电源侧有各种形式的发电厂，水电站，核能、风能、光能发电站；除热电厂外，其他电厂都是建在燃料的产地或水力资源适宜的地方。因此，电厂距用电负荷可能很远。一般发电机出口电压都在22 kV以下，由于传输过程中电能的损耗，要把这样低电压的电能远距离输送是不可能的。为了减少损耗，提高传输能量，必须使用升压变压器将电压升至60 kV以上，这样用高电压把电能送到预定地点，再经降压变压器把电压降至10 kV~35 kV，作为中压配电网的电压等级，然后再降至380/220 V，供工业生产及居民生活用电。个别用户装有高压电机，电压等级多为3 kV或6 kV，也有10 kV的。

（2）判断线路是输电或者是配电，通常不以电压大小来区分，而是依据其在电力系统中的作用。

输电线路的作用是把电能远距离从电源或者升压变电站输送到降压变电站，或者是它们之间的联络线路；配电线路的作用是从降压变电站把电力送到用户配电变压器或者用电设备。

配电线路系指20 kV及以下配电网中的架空线路、电缆线路及其附属设备等。

（3）配电线路一般分为架空线路、电缆线路两种形式。随着用电可靠性的需求日益提高，配电线路及配电设备组成的网络接线方式也日趋复杂，有很多种方式，我们将在之后专门讲解。

①将导线用绝缘子与大地绝缘，架设在不同型式的支架上称为杆塔。这种方式架设的线路称为架空线路。架空线路分为裸导线线路、架空电缆及架空绝缘导线线路。

②敷设在地下隧道或直接埋在地下的电缆（地埋线），这种线路称为电缆线路。

二、架空线路

架空线路主要指架空明线，架设在地面之上，是用绝缘子将输电导线固定在直立于地面的杆塔上以传输电能的输电线路。架空线路的主要部件有杆塔基础、杆塔、金具、绝缘子、拉线、导线和避雷线（架空地线）、接地装置等。

1.杆塔基础：架空电力线路杆塔的地下装置统称为基础。基础用于稳定杆塔，使杆塔不致因承受垂直荷载、水平荷载、事故断线张力和外力作用而上拔、下沉或倾倒。常用的杆塔基础有以下几种：

（1）普通混凝土电杆基础：一般由底盘、卡盘组成。底盘用于混凝土稳定电杆，防止沉降；卡盘用来防止电杆倾斜。二者一般是钢筋混凝土预制构件，根据设计需要选用。如图5-2~5-4所示。

图5-2 电杆底盘

图5-3 电杆卡盘

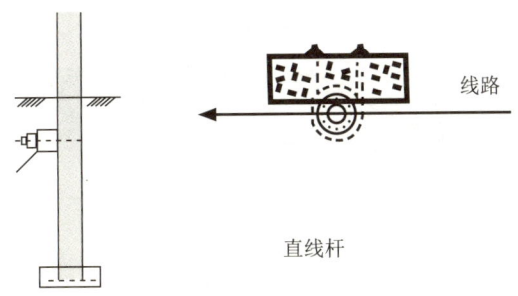

图5-4 电杆底盘和卡盘的安装示意

（2）铁塔基础：配电线路铁塔一般用于城市内架空线路的终端杆和耐张杆塔。与铁塔配套设计使用的基础，常用的有灌注桩基础、阶梯型基础。

灌注桩基础（图5-5）是指在工程现场通过机械钻孔、钢管挤土或人力挖掘等手段在地基土中形成桩孔，并在其内放置钢筋笼、灌注混凝土而做成的桩。依照成孔方法不同，灌注桩又可分为沉管灌注桩、钻孔灌注桩和挖孔灌注桩等几类。

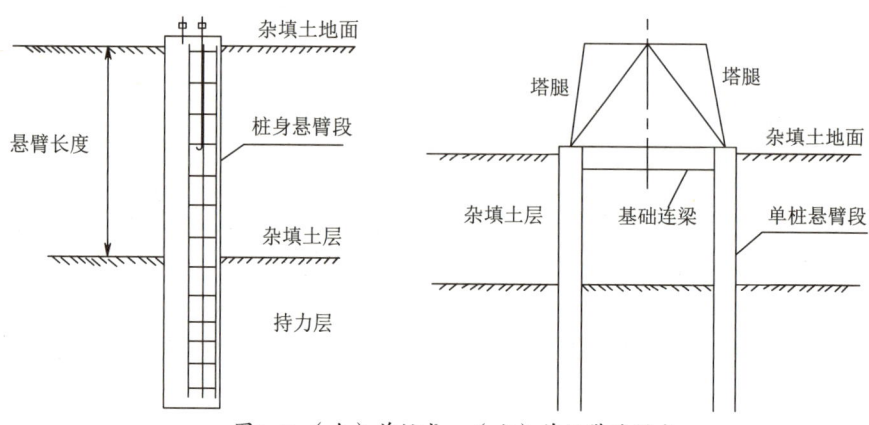

图5-5 （左）单桩式；（右）单桩带连梁式

阶梯形基础是指适用于原土壤承载力学性能较差，或者因其他原因导致沉降时，通过开挖大基坑、换填或者压实原土、浇筑渐渐扩大底部面积的混凝土基础，如图5-6所示。

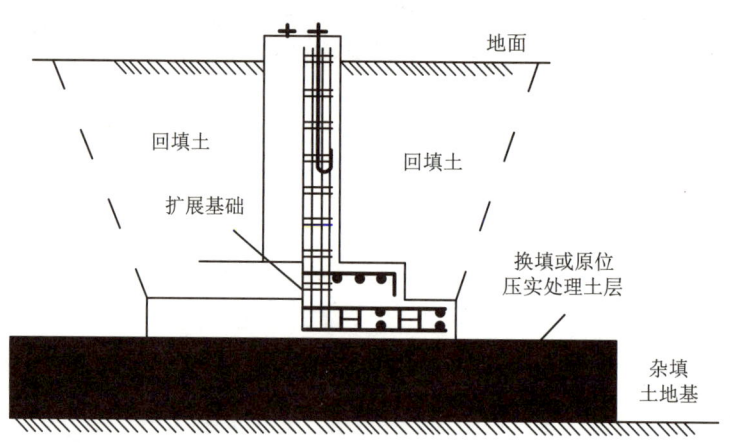

图5-6 阶梯形基础

2.杆塔：杆塔是电杆和铁塔的总称。杆塔的用途是支持导线和避雷线，以使导线之间、导线与避雷线、导线与地面及交叉跨越物之间保持一定的安全距离。如图5-7、5-8所示。

图5-7 单回路架空配电线路全貌示例

图5-8 双回路架空配电线路全貌示例

杆塔包括多种类型，下面逐一介绍：

（1）直线杆（图5-9）：位于线路直线段上，仅作支持导线、绝缘子和金具用的电杆。

图5-9 直线杆

（2）直线跨越杆（小角度转角杆）（图5-10）：属于直线杆的一种特殊形式，位于铁路、公路、河流、电力线和通信线的跨越处，设计上采用较大的安全系数。例如使用双横担（抱担）、加装防侧倾拉线、基础加装卡盘等。在国网公司的典型设计中，0°～15°直线转角也使用这种杆型，在受力一侧加装接线以平衡导线水平张力。

图5-10 直线跨越杆（小角度转角杆）　　　　图5-11 0°～45°耐张转角杆

（3）转角杆：位于线路改变方向的转角处电杆，根据线路转角角度大小分为0°～45°耐张转角杆，采用2根HD3-19/8008型横担（图5-11）；45°～90°耐张转角杆，采用4根HD3-15/7508型横担，双层双横担水平布置（图5-12），主要承受线路内角平分线方向上导线全部拉力的合力。在城市、县城因不便于使用拉线，或者因规划需要时也使用铁塔杆型，如图5-12中的右图。

图5-12 （左）45°～90°耐张转角杆；（右）铁塔型转角杆塔

（4）分支杆（图5-13）：位于线路分支处的电杆，不但要承受主线路上的荷重，还要承受分支线路的荷重和应力。

（5）终端杆（图5-14）：位于线路首端和终端耐张型电杆，主要承受顺线路方向全部导线的拉力。在城市、县城内或者需要时也使用铁塔杆型。

图5-13 分支杆　　　　　图5-14 终端杆

3.金具：金具在架空电力线路中，主要用于支持、固定和接续导线及绝缘子连接成串，亦用于保护导线和绝缘子。按金具的主要性能和用途可分为线夹类、联结金具类、接续金具类、保护金具类。我们以10kV线路和设备常用金具来认识它们。

金具按照架空线路是否绝缘导线分为两类，一类是与裸导线配套的金具，是最常用和通用的；另一类是与绝缘导线配套的金具，主要用于绝缘导线的支撑、悬挂、固定、终端头的连接等。如图5-15~5-17所示。图5-15为用于导线、拉线等终端受力部位的承力金具。

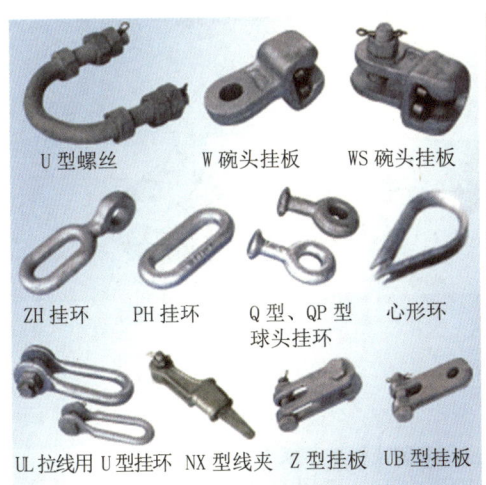 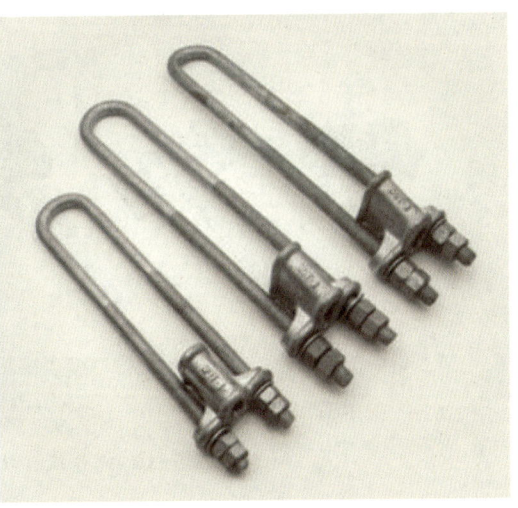

图5-15 导线、拉线的承力类金具

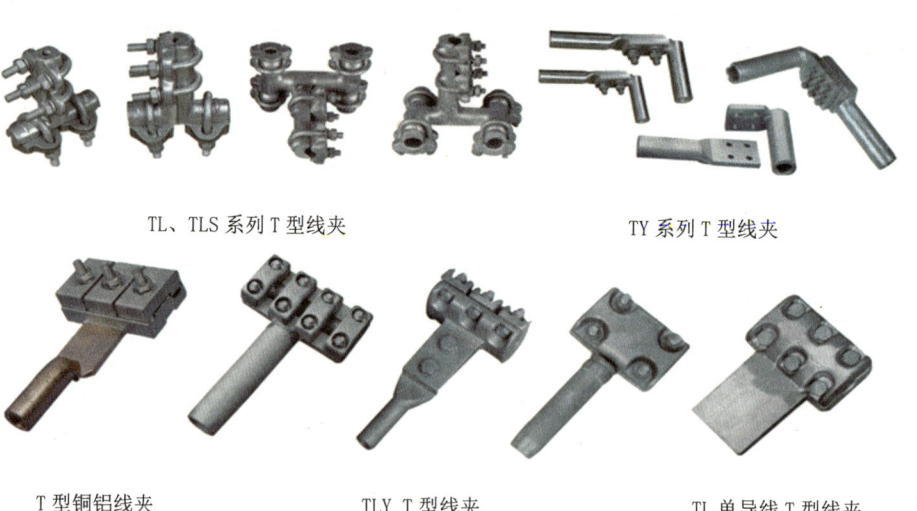

图5-16 裸导线、设备端子的接续类金具

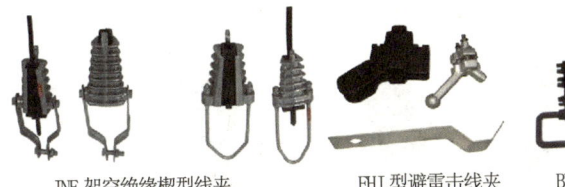   

JNE 架空绝缘楔型线夹　　FHJ 型避雷击线夹　　BYD 型验电接地环装置　　JCG 型悬垂线夹　　BJC 接地线夹

NLL 系列螺栓型铝合金耐张线夹及绝缘罩　　绝缘并沟线夹　　悬吊线夹　　穿刺接地线夹　　JJC 型绝缘穿刺线夹　架空绝缘接续管

图5-17 绝缘导线接续类金具

4. 绝缘子：是一种隔电产品，一般是用电工陶瓷制成，又叫瓷瓶。另外还有钢化玻璃制作的玻璃绝缘子和用硅橡胶制作的合成绝缘子。绝缘子的用途是使导线之间以及导线和大地之间绝缘，保证线路具有可靠的电气绝缘强度，并用来固定导线，承受导线的垂直荷重和水平荷重。

近年来复合绝缘子得到了大量应用，在对应陶瓷绝缘子（图5-18）的几乎所有类型，都有相应的复合绝缘子（图5-19）产品，例如各种悬式、棒式、支柱式、针式、担式绝缘子，还包括运用复合绝缘子的设备类：断路器、隔离开关、避雷器、跌落式熔断器等。

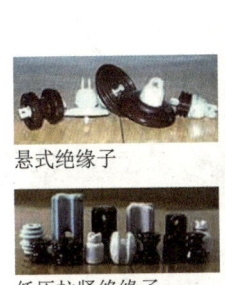
悬式绝缘子

通讯及低压绝缘子

针式绝缘子

低压拉紧绝缘子

各类线路柱式绝缘子

支柱绝缘子

澳标针式绝缘子

针式绝缘子

各种开关支柱　　针式绝缘子

各类绝缘子

11万伏开关及瓷套

图5-18 陶瓷类绝缘子

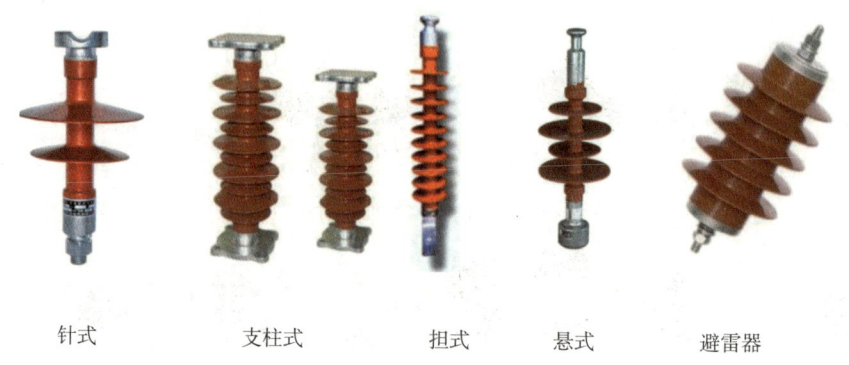

  针式   支柱式   担式   悬式   避雷器

图5-19 复合绝缘子类

  5.拉线：拉线用来平衡作用于杆塔的横向荷载和导线张力，可减少杆塔材料的消耗量，降低线路造价。拉线一般由拉线抱箍、拉线挂环、契型线夹、钢绞线、拉线绝缘子、钢线卡子、UT线夹、拉线棒、拉盘U形螺栓、拉盘组成。其中的金具类前面已经介绍过，拉线盘一般用钢筋混凝土预制构件。拉线棒按照设计加工，热镀锌。如图5-20所示。

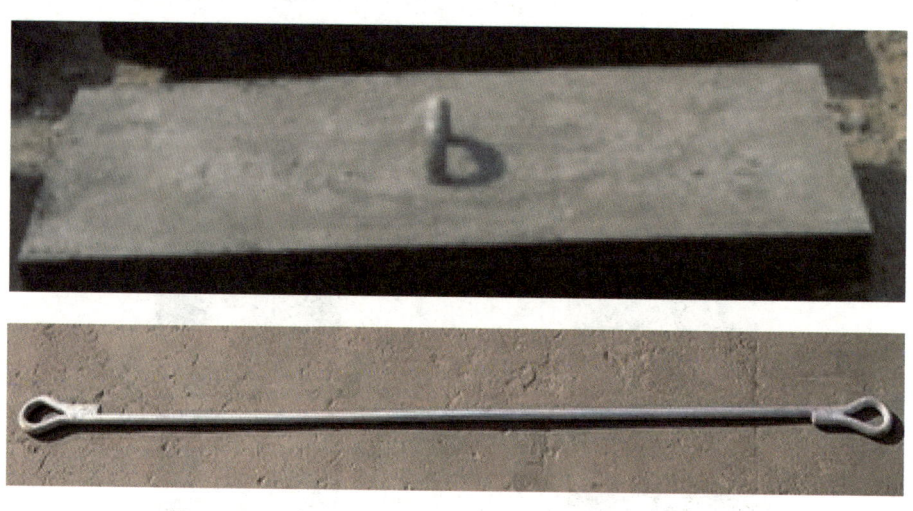

图5-20 拉线盘（上）及拉线棒（下）

  拉线按照安装方式，主要分以下几种：
  （1）一般拉线（图5-21）：用于线路中平衡来自导线的张力，防止杆塔受力而倾斜或受损。
  （2）V型接线（图5-21）：用于杆塔上有双层横担和导线或者是双杆（门型杆），以分层、分杆的方式平衡来自导线的张力。

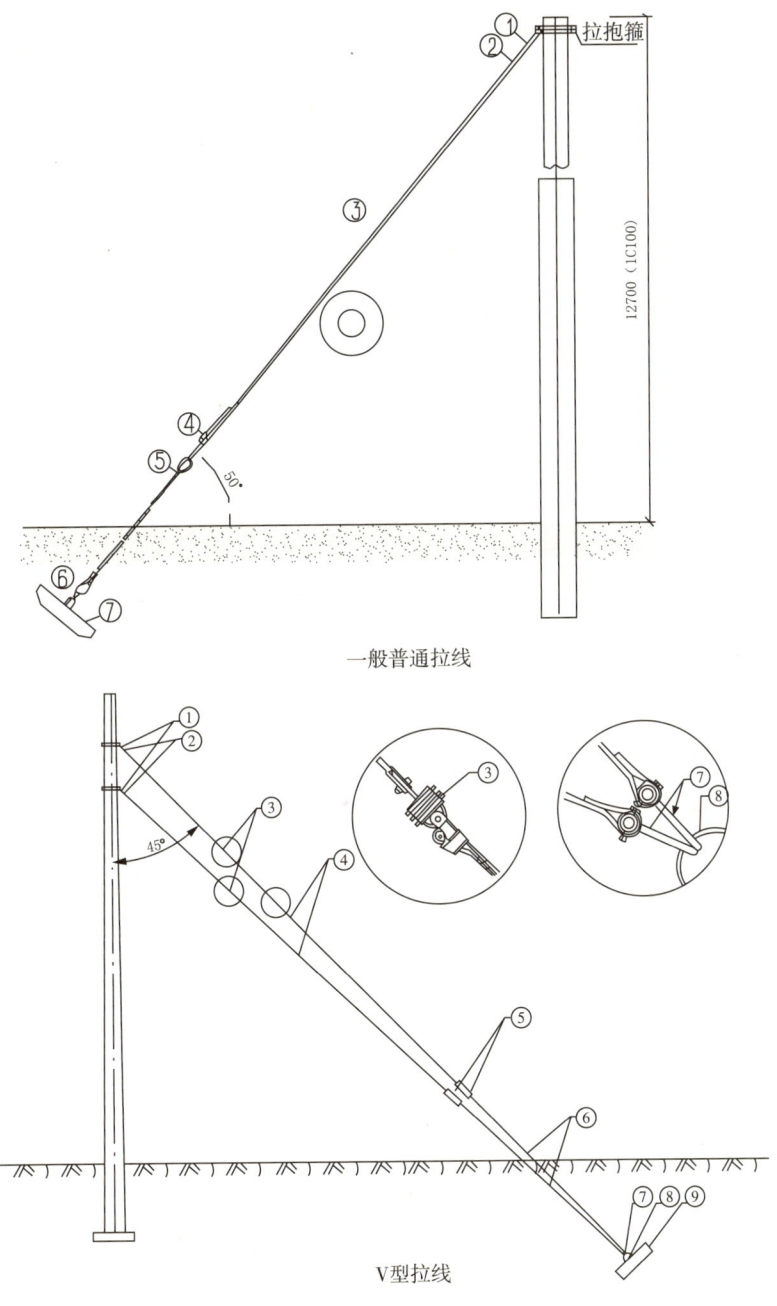

图5-21 一般拉线（上）及V型拉线（下）

（3）人字拉线（图5-22）：多用于在线路中较为重要的跨越处杆塔，或者是因地基、地理条件较差，容易受到水流冲刷、大风、恶劣天气影响的杆塔。其作用是对杆塔防御性加固。一般人对此拉线的作用认知不清，容易忽视或者使拉线遭到破坏。

（4）过道拉线（图5-23）：多用于道路、建筑物等旁边因场地受限无法使用一般拉线的情况。因其稳定性差、结构复杂，一般不建议采用。

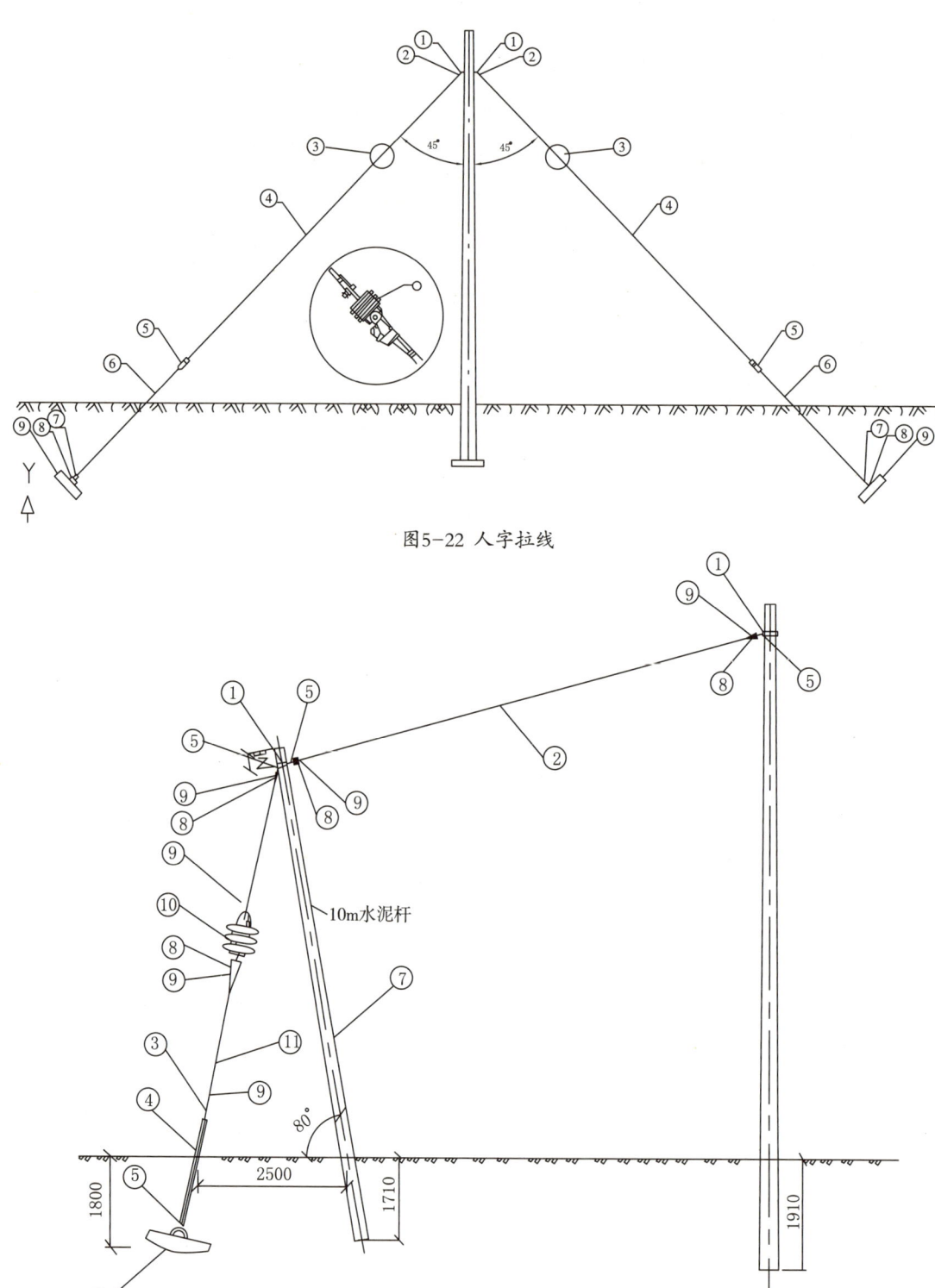

图5-22 人字拉线

图5-23 过道拉线

(5) 自身拉线（图5-24）：在线路的延长线上，因场地受限，无法使用其他方式的拉线时，可以采用自身拉线。这种接线一般用于不重要的分支杆、终端杆。因电杆承受较大的弯矩，自身接线不能受力过大，不够稳定，其应用受限较多，一般不推荐使用。

（6）顶杆（图5-25）：在线路的延长线上无法安装拉线，甚至是自身拉线时，采用顶杆方式来平衡导线或电杆的张力。作用与自身拉线相同，但方向相反。

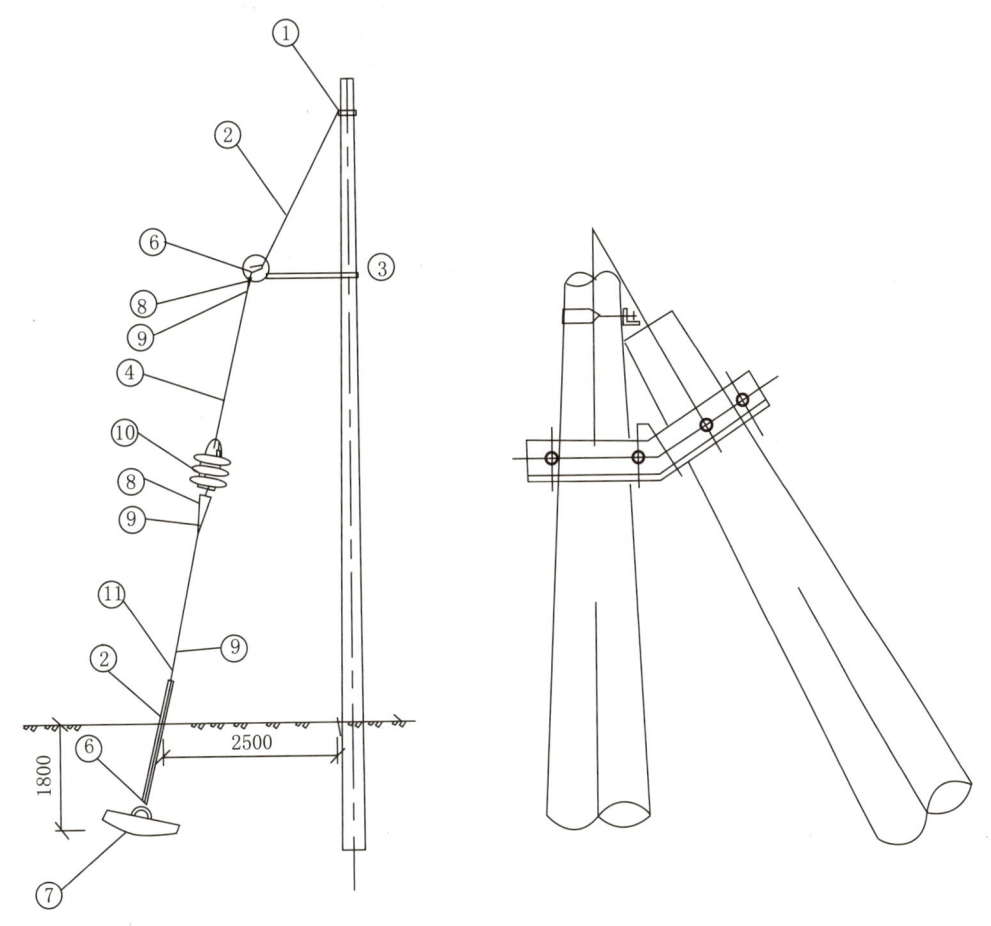

图5-24 自身拉线　　　　图5-25 顶杆

6.导线：导线是用来传导电流、输送电能的元件。导线在运行中经常受各种自然条件的考验，必须具有导电性能好、机械强度高、质量轻、价格低、耐腐蚀性强等特性。由于我国铝的资源比铜丰富，加之铝和铜的价格差别较大，故几乎都采用铝绞线或钢芯铝绞线（图5-26）。每根导线在每一个档距内只准有一个接头，在跨越公路、河流、铁路、重要建筑、电力线和通信线等处，导线和避雷线均不得有接头。在配电线路中，常见的导线有裸导线和绝缘导线两类。

（1）裸导线：通常是用多股铝线分层缠绕制成，如果内部使用钢芯或者钢绞线，就是钢芯铝绞线。其型号一般表示为：

LJ——铝绞线；LGJ——钢芯铝绞线；LGJX——稀土钢芯铝绞线。

例：LGJ-240/30，表示为钢芯铝绞线，铝绞线截面积为240平方毫米、钢芯截面积为30平方毫米，240/30表示铝导体和钢芯截面积比例。

图5-26 铝绞线

在高压线路上，大量运用的是裸导线。架空裸导线一般每相一根，根据线路电压和截流量的需要，在220 kV及以上线路，由于输送容量大，同时为了减少电晕损失和电晕干扰而采用相分裂导线（图5-27），即每相采用两根及以上的导线。采用分裂导线能输送较大的电能，而且电能损耗少，有较好的防振性能。

图5-27 采用相分裂导线的高压架空线路

（2）绝缘导线：在导线外围均匀而密封地包裹一层不导电的材料，如树脂、塑料、硅橡胶、PVC等，形成绝缘层，防止导电体与外界接触造成漏电、短路、触电等事故发生的电线叫绝缘导线。绝缘导线是一个大的类型，按不同的绝缘材料可分为以下几种：

①橡皮绝缘导线。型号：BLX——铝芯橡皮绝缘线、BX——铜芯橡皮绝缘线。

②聚氯乙烯绝缘导线（塑料线）。型号：BLV——铝芯塑料线、BV——铜芯塑料线。

③交联聚氯乙烯绝缘导线。型号：YJ，即交联聚氯乙烯绝缘。举例：配电网常用的架空绝缘导线JKLYJ-10 1×120，前面的JK表示架空，L表示铝芯，YJ表示交联聚氯乙烯绝缘，-10表示工作电压为10 kV，1×120表示为单芯120平方毫米截面积。

④橡皮电缆。型号：YHC——重型橡套电缆、NYHF——农用氯丁橡套拖拽电缆。

按绝缘导线内部分类有铜芯、铝芯、单芯、双芯及多芯。

按工作电压分为中压和低压绝缘线，中压导线常用于架空配电线路（图5-28）；低压绝缘导线常用于各种设备和屋内布线，工作电压一般不超过500 V。

按结构可分为单芯绝缘导线和集束绝缘导线，同时也有相应的中压和低压等级。

图5-28 配电网常用的架空绝缘导线

7. 避雷线（架空地线）：避雷线一般采用镀锌钢绞线，且不与杆塔绝缘而是直接架设在杆塔顶部，并通过杆塔或接地引下线与接地装置连接。如图4-45，线路铁塔上方的两根线就是避雷线。避雷线的作用是减少雷击导线的机会，提高耐雷水平，减少雷击跳闸次数，保证线路安全送电。配电线路因杆塔较低，极少使用架空避雷线。

8. 接地装置：架空地线在导线的上方，它将通过每基杆塔的接地线或接地体与大地相连，当雷击地线时可迅速地将雷电流向大地中扩散，因此，输电线路的接地装置主要是泄导雷电流，降低杆塔顶电位，保护线路绝缘不致击穿闪络，对导线起到了屏蔽作用。接地体和接地线总称为接地装置。

第二节　电缆线路

一、电力电缆线路

电力电缆线路是指采用电缆输送电能的输电和配电线路。一般敷设在地下或水下，也有架空敷设的电力电缆线路。其他用途的还有信号电缆、控制电缆等。

1.电缆线路的主要构成。电力电缆线路主要由电缆（图5-29）、电缆中间接头（图5-30）、电缆终端头（图5-31）等组成，有些电力电缆线路还带有配件，如压力箱、压力和温度示警装置等。地下电力电缆线路还包括相应的土建设施，如电缆沟、排管、竖井、隧道等。

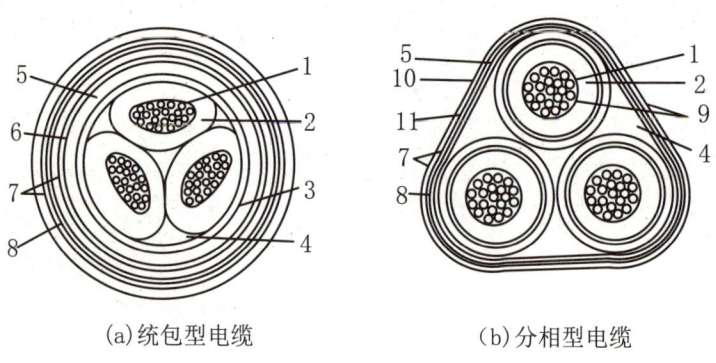

(a) 统包型电缆　　(b) 分相型电缆

1-导体；2-芯绝缘；3-统包绝缘；4-填料；5-铅包；6-沥青防护层；
7-沥青黄麻层；8-铠装层；9-屏蔽层；10-聚氯乙烯带；11-玻璃丝布带

图5-29　电缆结构图

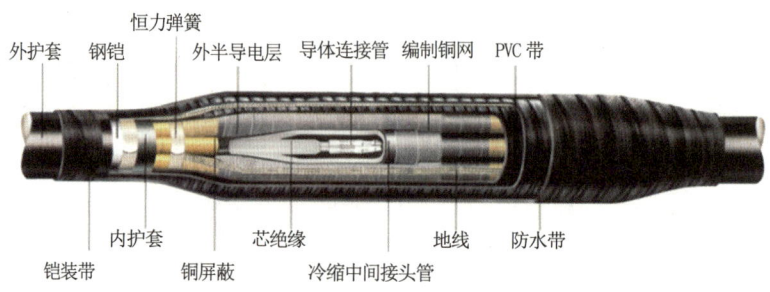

图5-30　电力电缆中间头

SOT 单芯和三芯户内终端　　SOT 单芯和三芯户外终端

图5-31 电力电缆终端头

2.电缆的型号和释义（图5-32，表5-1）：

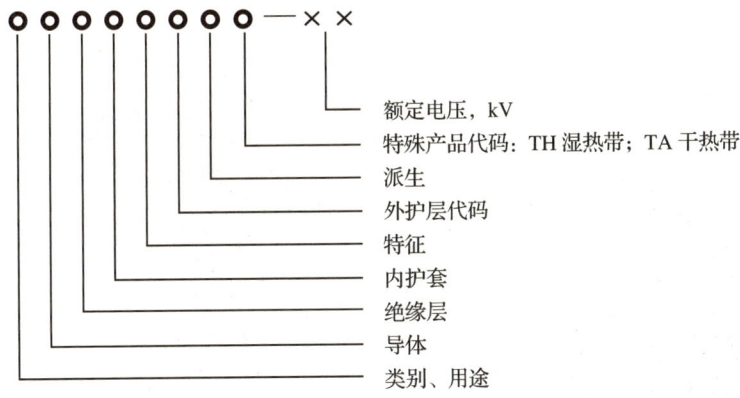

图5-32 电缆的型号和释义

表5-1 电缆的型号及其释义

类别	导体	绝缘	内护套	特征
电力电缆（省略不表示） K：控制电缆 P：信号电缆 YT：电梯 U：矿用 Y：移动 H：市内电话 UZ：电钻 DC：电气化车辆用电缆	T：铜线（可省略） L：铝线	Z：油浸纸 X：天然橡胶 XD：丁基橡胶 XE：乙丙橡胶 VV：聚氯乙烯 YJ：交联聚乙烯 E：乙丙胶	Q：铅套 L：铝套 H：橡胶 (H)P：非燃性 HF：氯丁胶 V：聚氯乙烯 Y：聚乙烯 VF：复合物 HD：耐寒橡胶	D：不滴油 F：分相 CY：充油 P：屏蔽 C：滤尘用或重型 G：高压

例如：YJLY—10/3×185+1×95，为交联聚乙烯绝缘聚乙烯护套电力电缆，电压10 kV，铝芯线规格为3相185mm²，零线1根95mm²。

二、电缆线路的主要敷设方式

1.直埋式：顾名思义，就是将电缆直接埋设在地下，是最通行和最经济的敷设方法。电缆散热条件好，主要用于郊区和车辆通行不太频繁的地方。但不利于电缆的维护和检修，一旦遇到电缆故障，难以查找，即便使用测试仪测出故障点，也要重新挖开电缆沟，极不方便。

2.隧道式：在发电厂、变电站、重要负荷等进出线电缆很多或并列敷设条数较多（如20～40条以上时）的地区敷设电缆时，应考虑建造电缆隧道（图5-33）。电缆隧道虽然建设时投资大、工期长、建筑材料耗费多，而且带来通风、防火、防漏水等大量问题，但是它具有以下优点：

（1）大量地减少了电缆线路所占道路断面（走廊）。
（2）减少对电缆的外力破坏和机械损伤。
（3）消除因土壤中有害物质引起的保护层化学腐蚀。
（4）检修或更换电缆迅速方便。
（5）随时可以增放新电缆，而且不必掘开路面。

图5-33 隧道式电缆敷设方式

3.沟槽式：电缆沟可预先建造，然后将电缆敷设在沟槽内。电缆沟建造施工方式：可以用砖砌体表面抹灰，也可在现场支模现浇混凝土（图5-34）。缺点是现场施工量大，人工作业多，容易出现质量通病，质量控制困难。

近年来预制装配式电缆沟槽逐渐推广，解决了上述问题。主要是在工厂内预制好电缆沟槽、盖板、防火墙、电缆井，电缆托架、支架等配件可安装在预埋件上，现场需要按设计要求提前开挖沟道，接地网等施工，最后进行装配即可。典型的施工工艺流程是：施工放线→沟槽开挖→夯实整平基础→垫层浇筑→吊装电缆沟槽→排水找坡及密封→回填压实土方→路面修复及盖板安装。图5-35，5-36为一种预制式电缆沟部件示例。

（左）地面和墙体　　（中）安装电缆支架　　（右）安装盖板

图5-34 砖砌、现浇式电缆沟

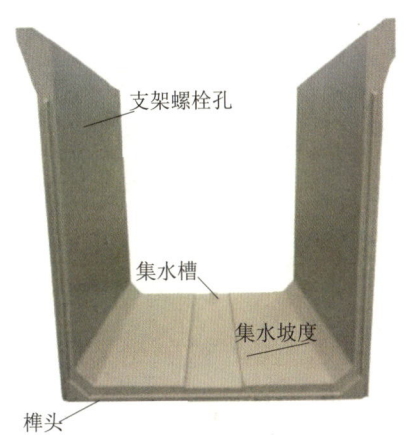

图5-35 （左）预制式电缆沟；（右）预制式电缆井

 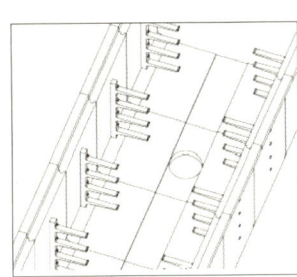 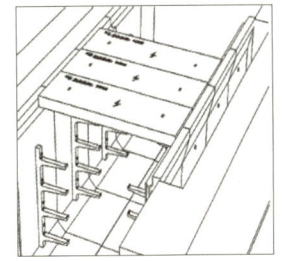

（左）拼装　　（中）支架安装　　（右）回填土夯实，路面修整，盖板安装

图5-36 预制式电缆沟拼装流程示意

4. 管道式：将电缆敷设在预先施工建造的管道（排管、顶管等）内（图5-37）。当较多电缆通过市区街道时，直埋对电缆压力大，又不适宜建造电缆沟和隧道，可建造电缆排管，造价低于隧道，但又具有隧道的许多优点，还不必考虑防火问题。

图5-37 电缆排管敷设方式

5.架空式，分为托架式、架空安装式两种。

（1）托架式敷设（图5-38）是将电缆敷设在电缆托架上，是厂区内电缆安装的新形式，厂区内（尤其是发电厂或化工厂内）管线很多，建造电缆沟已很困难，又常常因为热管道的跑汽、跑水而损伤电缆，因而在厂区内采取电缆托架架空安装来代替电缆沟。

图5-38 电缆的托架式敷设

（2）架空安装，就是把电缆吊挂在吊线上（或固定在杆塔上）。通信电缆、低压和小截面电缆常常使用这种敷设方式。

架空电缆和埋在地下的电缆相比，易受外界的影响，不够美观，但建设费用较低。随着我国城市建设管理水平和要求的提高，这种方式已经不常用了。

第三节　开闭所及成套装置

一、箱式变电站

箱式变电站是一种工厂化制造装配的小型变电站,其外形为厢式结构,又叫预装式变电所或预装式变电站,简称"箱变"。它是一种高压开关设备、配电变压器和低压配电装置按一定接线方案排成一体的工厂预制户内、户外紧凑式配电设备,即将变压器降压、低压配电等功能有机地组合在一起,安装在一个防潮、防锈、防尘、防鼠、防火、防盗、隔热、全封闭、可移动的钢结构箱内,特别适用于城网建设与改造,是继土建变电站之后崛起的一种崭新的变电站。

箱式变电站适用于住宅小区、城市公用变、繁华闹市、施工电源等,用户可根据不同的使用条件、负荷等级选择箱变。

箱式变电站有欧式和美式,以及国产改进后的卧式,其结构特点分别介绍如下。

1.欧式变电站。

欧式箱变(图5-39)从结构上采用高、低压开关柜,变压器组成方式,形象比喻为给高、低压开关柜,变压器盖了房子。

图5-39 欧式箱式变电站

(1)欧式箱变的箱体由底座、外壳、顶盖三部分构成。

箱体的底座一般用槽钢、角钢、扁钢、钢板等组焊或用螺栓连接固定成形;为满足通风、散热和进出线的需要，还应在相应的位置开出条形孔和大小适度的圆形孔。箱体外壳、顶盖槽钢、角钢、钢板、铝合金板、彩钢板、水泥板等进行折弯、组焊，或用螺钉、铰链或相关的专用附件连接成形。

不管哪种材料的箱变壳体，按标准要求必须具备防晒、防雨、防尘、防锈、防小动物（如蛇）进入等五防功能。欧式变电站的壳体为防止炎热夏季强烈的日光辐射，顶部一般都设有导热系数较低的隔热材料作填料。常用的填料有岩棉板、聚苯乙烯泡沫塑料等。

在统一设计的传统"组合式变电站"中，一般在壳体中也填充隔热填料，这种方法大多数设计者已不再采用，这是因为隔热填料虽然能防止炎热夏季强烈的日光辐射，但同时也阻碍了变压器运行时产生的大量热量的散发，所以设计者们除保留在壳体上冲百叶窗孔的方法外，同时采用加大散热面积、加强空气对流的方法散热，这样还可减少制造成本。

欧式箱变的表面处理：欧式箱变表面处理的方法较多，中国北方大多采用传统的喷漆、烤漆、喷塑等方法；在中国南方经济发达地区，除采用上述方法外，还采用在水泥板结构的壳体外贴上彩色瓷砖，或贴面等方法，特别是置于住宅小区的箱变外观，与当地建筑物的风格更加协调、统一。

（2）高压配电装置结构。

欧式箱变高压配电装置，从进线方式上分为终端型、环网型两种；从进线方位上分为从箱体顶部架空进线（传统箱变用此法较多）和利用高压电缆沟从地下进出线（这是现代设计较为普遍采用的方法）。

高压配电装置中多采用以SF6气体为灭弧介质的负荷开关，也有以真空为灭弧介质的真空开关。

高压计量：高压配电装置中，如用户有高压计量要求的，还须设置高压计量柜。

中国各地供电部门，对高压或低压计量问题没有统一的要求。西北地区供电规程规定：变压器容量大于160 kVA时，必须采用高压计量；高压计量柜开关必须由供电部门控制。北京、天津等华北地区供电部门则认为：箱式变电站计量应以低压侧为好，这样，可以提高供电可靠性，减少高压计量带来的不稳定因素，对变压器本身的损耗可折算成电费，由用户承担。

箱式变电站高压计量柜一般由CT、PT及计量表计，遥控、遥测装置等构成。

（3）变压器室结构。

欧式箱变都设有独立的变压器室，变压器室主要由变压器、自动控温系统、照明及安全防护栏等构成。

变压器运行时，将在箱变中产生大量的热量向变压器室内散发，所以变压器室的散热、通风问题是欧式箱变设计中应重点考虑的问题；变压器运行时，源源不断地产生大量的热量，使变压器室的温度不断升高，特别是环境温度高时，温度升高更快，所以只靠自然通风散热往往不能保证变压器可靠、安全运行；欧式箱变设计中，除变压器容量较小的箱变采用自然通风外，一般都设计了测温保护，用强制排风措施加以解决。该系统主要由测量装置测变压器室温、油温,然后通过手动和自动控制电路,对排风扇是否需要投入,按变压器可靠、安全运行温度的设定范围进行设置控制。

欧式箱变中,既可选用油浸式变压器,也可采用干式变压器,但由于干式变压器价格较高,所以在用户没有特别要求的情况下,应首选油浸式变压器,以降低制造成本。变压器容量一般以100~1250 kVA为宜,最大不应超过1600 kVA。

(4)低压室结构设计(图5-40)。

图5-40 箱式变电站的低压室

欧式箱变的低压室按工矿企业或住宅小区的使用场合不同,在设计结构上应有所不同。一般对于工矿企业使用的欧式箱变,应对动力供电、照明供电进行分开设计。在采用低压计量时,一般情况下,供电局要求对照明用电进行分开计度,这主要是因为照明用电的单位价格普遍高于动力用电。在住宅小区使用的变电站在结构设计上,则不须考虑动力用电的问题。

欧变低压室的输出路数,在结构设计上根据变压器容量大小和用户使用需求的不同而不同。变压器容量小、用户需求输出路数较少的可少设;而变压器容量大、用户需求输入出路数多的,可考虑设计路数多一些,还可考虑按带走廊操作形式进行布局。

2.美式箱变。

美国箱式变电站(图5-41),在结构上将负荷开关、环网开关和熔断器结构简化放入变压器油箱浸在油中。避雷器也采用油浸式氧化锌避雷器。变压器取消油枕,油箱及散热器暴露在空气中,这种箱变形象比喻为变压器旁边挂个箱子。因此,这种箱变过载能力强,允许过载2倍2个小时、过载1.6倍7个小时而不影响箱变寿命。

图5-41 美式箱变

美式箱变采用肘式插接头，可以十分方便高压进线电缆的连接，并可在紧急情况下作为负荷开关使用，即可带电拔插。

美式箱变采用双熔断器保护：插入式熔断器（BAY-o-net）为双敏熔丝（温度、电流），保护箱变二次侧发生的短路故障；后备限流保护熔断器（ELSP）保护箱变内部发生的故障，用于保护高压侧。

变压器一般采用高燃点油（FR3）。

高压负荷开关保护用熔断器等全部元件都与变压器铁芯、绕组放在同一油箱内。

（1）美式箱变外壳的防腐和防护：箱体采用防腐设计和特殊喷漆处理，可适用于各种恶劣环境，如多暴风雨和高污染地区。其箱体在喷漆前经过八道预处理工序，然后进行七道喷漆和烘烤工序才算完成，可见其对防腐的慎重态度。而目前国内生产的美式箱变壳体几乎没有进行特殊处理，基本上是采用酸洗后静电喷涂处理，甚至有的企业连酸洗处理都不进行，更有甚者，在外表面上只进行喷漆处理，可想而知，其外壳的防腐能力如何。即便是静电喷涂处理，由于底表面进行处理时往往会出现一些死角，而静电喷涂在这些没有处理好的部位上很难喷涂上粉末，所以必然留下锈蚀的隐患。由于箱变要长年累月地在风吹、雨淋、日晒的户外环境中工作，如果表面处理不好，锈蚀将是十分严重的。这一问题是十分重要的，也是国内几十年来一直十分关注、重视、研究的课题，所以有许多厂家采用一些其他技术来解决这一问题。关于防护问题，美式箱变的变压器油箱和散热片部分裸露在外边，其目的就是改善散热条件。但是，由于其直接暴露在阳光下，在阳光的热辐射下，会不会影响温升，还没有详细介绍。此外，裸露在外的部分很容易受到外力的碰撞、敲击而遭到损坏。一旦损坏，变压器油就会大量流失，后果不堪设想，所以一些国内厂家在散热片部位又包上一层钢板，以求得增加防护能力。

（2）美式箱变的高压负荷开关。

美式箱变的负荷开关是放入到变压器油箱内的。油浸式三相联动开关可分为二位置（终端式）、四位置（环网式）两种，由于此负荷开关是放在变压器油箱中，其关合位置只能根据外部操作面板的指示来判断，而且其操作要通过专用的绝缘操作杆来进行，所以操作比较复杂。从这一点来看，其操作很不方便。此外，由于看不见负荷开关的开断触头（即明显断开点），所以在开断后，给人们一种不放心的感觉。此外，其负荷开关一旦发生故障，更换、维修都将十分困难。负荷开关一般采用真空断路器。

美式箱变无油温保护，只有一个温度计来显示油温，当油温太高时，依靠插入式熔断器来进行保护，还有一个压力释放阀，用来释放油箱内太大的压力。因此，应该经常检查在此两种情况下熔断器是否正常运行，及外壳是否发生渗漏油现象。

由于美式箱变的油箱裸露在外部，因此应经常进行巡视，以防止在外力碰撞下受到损害而发生渗漏油。

3.国产卧式箱变：

上述两种箱变在国产化过程中，结合我国电力市场需求有了发展和演进，国产卧式箱变把上述两种形式的特点进行了结合，更准确地讲，称为欧美一体化箱变更为贴切。

卧式箱变（5-42）的外观形同欧式箱变，但体积却大大小于欧式箱变，略大于美式箱变。这是因为卧式箱变的变压器、负荷开关及低压出线方式基本与美式箱变相同，但它有独立的变压器室。由于高、低压出线均在侧壁，所以变压器室不需考虑防护栏等设施。主要特点如下：

（1）国产箱变同美式箱变相比增加了接地开关、避雷器，接地开关与主开关之间有机械联锁，这样可以保证在进行箱变维护时人身的绝对安全。国产箱变每相用一只熔断器代替了美式箱变的两只熔断器做保护，其最大特点是当任一相熔断器熔断之后，都会保证负荷开关跳闸而切断电源，而且只有更换熔断器后，主开关才可合闸，这一点是美式箱变所不具备的。

（2）国产箱变一般采用各单元相互独立的结构，分别设有变压器室、高压开关室、低压开关室，通过导线连成一个完整的供电系统。

（3）变压器室一般放在后部。为了方便用户维修、更换和增容的需要，变压器可以很容易地从箱体内拉出来或从上部吊出来。由于变压器放在外壳内，其有利的因素是可以防止阳光直接照射变压器而产生的温升，同时也可以有效地防止外力碰撞、冲击及发生触摸感电事故；其不利因素是对变压器的散热提出了较高的要求。

图5-42 国产卧式箱变

（4）外壳及防护：国产箱变的各开关柜分别制成独立柜体安装到外壳内，可以很方便地更换和维护，同时也提高了防护能力和安全性。其钢板外壳均采用特殊工艺进行防腐处理，使其防护能力可以达到20年以上。同时，上盖采用了双层结构以减少阳光的热辐射，其外观可以按照用户要求配上各种与使用环境相协调的颜色，以达到与自然环境相适应、相点缀的效果。

二、开闭所（开关站）

开闭所实际上就是"高压配电站"，没有电压等级的变化，进出线电压相等，是为了解决高压变电所中出线配电柜的数量不足和减少相同路径的线路条数等。因此它比箱变要简单很多，相当于箱变的高压室单元或其一部分。习惯上，北方称开关站，南方叫开闭所（图5-43）。

建设开闭所需考虑传输容量、损耗等问题。

图5-43 开闭所(开关站)

开闭所结构:主要由一次部分、二次部分、互感器、低压(所用电)、后台监控系统、接地网等组成。

一次部分:将高压线路引入开闭所内,经高压开关柜内的母线、断路器、隔离开关等设备,以不同的运行方式给各馈出线路配电。

二次部分:交流回路、直流回路、信号回路、保护与自动装置回路。

互感器:包括电压互感器、电流互感器,主要作用是测量与保护。

低压(所用电):由高压开关柜馈出至所用变压器,将10 kV转变为交流380 V,作所内插座、照明、直流屏及其他用电设备的交流电源。

后台监控系统:包括间隔层、通信层、站控层等。

三、高压开关柜

高压开关柜在电力系统发电、输电、配电、电能转换和消耗中起通断、控制或保护等作用,是按一定的接线方案将涉及一、二次设备成套组装的一种高压配电装配,在发电厂和变配电所中作为节制和保护发机电、电力变压器和高压线路之用。其中装有高压开关设备、保护电器、检验测定仪表和母线、绝缘子等。高压开关柜有固定式和手车式两大类,一般在中小型工厂的变配电所中,绝大都采用较经济的固定式高压柜。手车式开关柜(图5-44)的独特之处是:高压断路器等首要设备装在可以拉出推进的手车上。设备检查修理时,快速拉出而推入同类手车,便可恢复供电,具备检查修理利便和安全,并可大大缩短断停电时间的优点,但价格高。

高压开关柜具有架空进出线、电缆进出线、母线联络等功能,主要适用于发电厂、变电站、石油化工企业、冶金轧钢企业、轻工纺织企业、厂矿企业和住宅小区、高层建筑等各种不同场所。

图5-44 KYN28系列手车式高压开关柜

四、低压开关柜

低压开关柜与高压开关柜的作用类似,是按一定的接线方案将涉及低压开关电器成套组装的一种低压配电装配,在1000 V以下的供电体系中作为动力和照明配电之用。它也有固定安装和抽出式安装两大类。如图5-45所示。

图5-45 (左)GGD系列低压开关柜;(右)GCK系列低压抽出式开关柜

五、低压综合配电箱

JP低压综合配电箱(图5-46)是由工厂生产的一种集电能分配、计量、保护、控制、无功补偿于一体的新型综合控制箱。JP低压综合配电箱符合IEC60439-1《低压成套开关设备和控制设备》、GB7251.12-2013《低压成套开关设备和控制设备 第2部分:成套电力开关和控制设备》、GB/T15576-2008《低压成套无功功率补偿装置》相关标准要求，广泛运用在变电站、工厂、工矿企业、大型电厂、石油、化工企业、大型钢厂、高层建筑动力中心、无功补偿、计量、电能分配等场合。

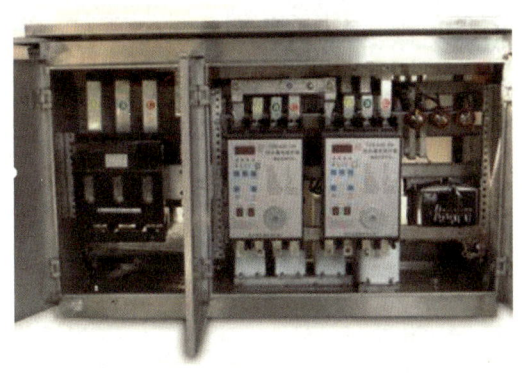

图5-46 低压综合配电箱（JP柜）

六、高压环网柜

高压环网柜（图5-47）是为提高供电可靠性，使用户可以从两个方向获得电源，通常将供电网连接成环形，这种供电方式简称为环网供电。在港口和高层建筑等交流10 kV配电系统中，因负载容量不大，其高压回路通常采用负荷开关或真空接触器控制，并配有高压熔断器保护。该系统通常采用环形网供电，所使用高压开关柜一般习惯上称为环网柜。

环网柜除向本配电所供电外，其高压母线还要通过环形供电网的穿越电流（即经本配电所母线向相邻配电所供电的电流），因此环网柜的高压母线截面要根据本配电所的负荷电流与环网穿越电流之和选择。

图5-47 高压环网柜

第五章 ※ 思考题

5-1. 架空线的主要特点是什么？
5-2. 架空线的杆型有哪几类？
5-3. 直线杆的作用是什么？
5-4. 转角杆的作用是什么？
5-5. 绝缘子的作用是什么？
5-6. 架空绝缘线的作用是什么？
5-7. 什么是耐张杆？
5-8. 架空绝缘线的弧垂有何要求？
5-9. 转角杆的预偏是什么？
5-10. 绝缘子串的作用是什么？
5-11. 电力电缆的作用是什么？
5-12. 架空线路和电力电缆线路的区别是什么？
5-13. 电力电缆的种类有哪些？
5-14. 电缆线路的敷设方式有哪几种？
5-15. 箱式变电站的特点是什么？
5-16. 开闭所的特点是什么？
5-17. 成套开关设备的特点是什么？
5-18. 环网设备的特点是什么？
5-19. 架空金具按用途可分为哪几类？
5-20. 悬垂线夹的作用是什么？
5-21. 耐张线夹的作用是什么？
5-22. 连接金具的作用是什么？

第六章

Diliuzhang

电力工程识图入门

第一节　电力工程设计图纸概述

一、国网公司配电网典型设计简介

国家电网公司为强化配电网工程精细化管理水平，提高配电网工程质量和供电可靠性，标准化建设"六化""六统一"，顺应智能配电网建设和发展的要求，编制了《国家电网公司配电网工程典型设计》，典型设计基本上覆盖了配电网工程各类别项目，包括架空线路、配电台区、电缆线路、机井通电、配电站房、光伏扶贫等分册，适用于电力系统各规划设计单位管理、施工、安装、生产运行等多专业。作为配电网工程监理人员，需要掌握一些电气工程识图的基本技能，本章以国网公司典型设计为例，带领大家初步领略识图的基本技巧和原则。

配电网典型设计图集一般结构如下：

（1）总论：主要有设计概述、典型设计过程、典型设计依据、技术总则几部分。通过这一部分的阅读，我们可以了解该设计分册的编制目的、设计总则和依据等，明确适用范围。

（2）各单体工程典型设计介绍：主要叙述设计技术原则、环境条件选择、适用技术条件、若干个主要设计方案等。例如：《10kV架空线路分册》包含3类气象区、72种主杆类型、31种杆头形式；《10kV配电变台分册》包含3个柱上变压器台典型设计方案。

（3）设计说明：为了方便使用，除常规设计外，还编制了使用说明，对典型设计的适用条件、方案选用、拼接方法及组合条件等进行了详细说明。

（4）综合部分：对常用标识的安装设置，常用电气、力学等参数图表进行说明，方便设计和施工使用。

一般来说，我们能通过一个典型设计分册的学习来初步掌握识图技能，然后运用到其他分册中。其中涉及电气、土建、机械等专业类别的图纸，我们要分类学习。

二、国家关于制图的标准规范

电气工程类图纸涉及较多专业，常见的有电气一次、电气二次及自动化、电子通信、建筑、机械等，各个专业制图均有相应的国家标准来规范和统一。例如电气专业的GB／T6988.1-2008电气制图国家标准、房屋建筑行业的GB／T50001-2017《房屋建筑制图统一标准》等。在本章学习完成后，读者可以参阅相应专业的国家标准、规程规范来继续提高阅图能力。

三、常用电气图纸分类

电气图是用电气图形符号、带注释的围框或简化外形表示电气系统或设备中组成部分之间相互关系及其连接关系的一种图。广义地说，表明两个或两个以上变量之间关系的曲线，用以说明系统、成套装置或设备中各组成部分的相互关系或连接关系，或者用以提供工作参数的表格、文字等，也属于电气图之列。

电气图分类如下：

1. **系统图或框图**：用符号或带注释的框，概略表示系统或分系统的基本组成、相互关系及其主要特征的一种简图。

2. **电路图**：用图形符号并按工作顺序排列，详细表示电路、设备或成套装置的全部组成和连接关系，而不考虑其实际位置的一种简图，目的是便于详细理解作用原理，分析和计算电路特性。

3. **功能图**：表示理论的或理想的电路而不涉及实现方法的一种图，用途是提供绘制电路图或其他有关图的依据。

4. **逻辑图**：主要用二进制逻辑（与、或、异或等）单元图形符号绘制的一种简图，其中只表示功能而不涉及实现方法的逻辑图叫纯逻辑图。

5. **功能表图**：表示控制系统的作用和状态的一种图。

6. **等效电路图**：表示理论的或理想的元件（如R、L、C）及其连接关系的一种功能图。

7. **程序图**：详细表示程序单元和程序片及其互连关系的一种简图。

8. **设备元件表**：把成套装置、设备和装置中各组成部分和相应数据列成的表格，其用途是表示各组成部分的名称、型号、规格和数量等。

9. **端子功能图**：表示功能单元全部外接端子，并用功能图、表图或文字表示其内部功能的一种简图。

10. **接线图或接线表**：表示成套装置、设备或装置的连接关系，用以进行接线和检查的一种简图或表格。

（1）单元接线图或单元接线表：表示成套装置或设备中一个结构单元内的连接关系的一种接线图或接线表。（结构单元指在各种情况下可独立运行的组件或某种组合体）

（2）互连接线图或互连接线表：表示成套装置或设备的不同单元之间连接关系的一种接图或接线表。（线缆接线图或接线表）

（3）端子接线图或端子接线表：表示成套装置或设备的端子，以及接在端子上的外部接线（必要时包括内部接线）的一种接线图或接线表。

（4）电缆配置图或电缆配置表：提供电缆两端位置，必要时还包括电缆功能、特性和路径等信息的一种接线图或接线表。

11. **数据单**：对特定项目给出详细信息的资料。

12. **简图或位置图**：表示成套装置、设备或装置中各个项目的位置的一种简图，或叫位置图，指用图形符号绘制的图，用来表示一个区域或一个建筑物内成套电气装置中的元件位置和连接布线。

四、电气图的特点

（1）电气图的作用：阐述电气的工作原理，描述产品的构成和功能，是提供装接和使用信息的重要工具和手段。

（2）简图是电气图的主要表达方式，是用图形符号、带注释的围框或简化外形表示系统或设备中各组成部分之间相互关系及其连接关系的一种图。

（3）元件和连接线是电气图的主要表达内容。

①一个电路通常由电源、开关设备、用电设备和连接线四个部分组成，如果将电源设备、开关设备和用电设备看成元件，则电路由元件与连接线组成，或者说各种元件按照一定的次序用线连接起来就构成一个电路。

②元件和连接线的表示方法：

元件用于电路图中时有集中表示法、分开表示法、半集中表示法。

元件用于布局图中时有位置布局法和功能布局法。

连接线用于电路图中时有单线表示法和多线表示法。

连接线用于接线图及其他图中时有连续线表示法和中断线表示法。

（4）图形符号、文字符号（或项目代号）是电气图的主要组成部分。一个电气系统或一种电气装置同各种元器件组成，在主要以简图形式表达的电气图中，无论是表示构成，表示功能，还是表示电气接线等，通常用简单的图形符号表示。

（5）对能量流、信息流、逻辑流、功能流的不同描述构成了电气图的多样性。一个电气系统中，各种电气设备和装置之间，从不同角度、不同侧面存在着不同的关系。

①能量流——电能的流向和传递。

②信息流——信号的流向和传递。

③逻辑流——相互间的逻辑关系。

④功能流——相互间的功能关系。

第二节　电力工程识图入门

一、电气图形符号

1. 图形符号的含义：用于图样或其他文件以表示一个设备或概念的图形、标记或字符。或图形符号是通过书写、绘制、印刷或其他方法产生的可视图形，是一种以简明易懂的方式来传递一种信息，表示一个实物或概念，并可提供有关条件、相关性及动作信息的工业语言。

2. 图形符号由一般符号、符号要素、限定符号等组成。

（1）一般符号：表示一类产品或此类产品的一种通常很简单的符号。

（2）符号要素：它具有确定意义的简单图形，必须同其他图形组合以构成一个设备或概念的完整符号。

（3）限定符号：用以提供附加信息的一种加在其他符号上的符号。它一般不能单独使用，但一般符号有时也可用作限定符号。

限定符号的类型：

①电流和电压的种类：如交、直流电，交流电中频率的范围，直流电正、负极，中性线等。

②可变性：可变性分为内在的和非内在的。

内在的可变性指可变量决定于器件自身的性质，如压敏电阻的阻值随电压而变化。

非内在的可变性指可变量由外部器件控制，如滑线电阻器的阻值是借外部手段来调节的。

③力和运动的方向：用实心箭头符号表示力和运动的方向。

④流动方向：用开口箭头符号表示能量、信号的流动方向。

⑤特性量的动作相关性：它是指设备、元件与速写值或正常值等相比较的动作特性，通常的限定符号是>、<、=、≈等。

⑥材料的类型：可用化学元素符号或图形作为限定符号。

⑦效应或相关性：指热效应、电磁效应、磁致伸缩效应、磁场效应、延时和延迟性等，分别采用不同的附加符号加在元器件一般符号上，表示被加符号的功能和特性。限定符号的应用使得图形符号更具有多样性。

（4）方框符号：表示元件、设备等的组合及其功能，既不给出元件、设备的细节，也不考虑所有连接的一种简单图形符号。

3. 图形符号的分类。

（1）导线和连接器件：各种导线、接线端子和导线的连接、连接器件、电缆附件等。

（2）无源元件：包括电阻器、电容器、电感器等。

（3）半导体管和电子管：包括二极管、三极管、晶闸管、电子管、辐射探测器等。

（4）电能的发生和转换：包括绕组、发电机、电动机、变压器、变流器等。

（5）开关、控制和保护装置：包括触点（触头）、开关、开关装置、控制装置、电动机起动器、继电器、熔断器、间隙、避雷器等。

（6）测量仪表、灯和信号器件：包括指示积算和记录仪表、热电偶、遥测装置、电钟、传感器、灯、喇叭和铃等。

（7）电信交换和外围设备：包括交换系统、选择器、电话机、电报和数据处理设备、传真机、换能器、记录和播放设备等。

（8）电信传输：包括通信电路、天线、无线电台及各种电信传输设备。

（9）电力、照明和电信布置：包括发电站、变电站、网络、音响和电视的电缆配电系统、开关、插座引出线、电灯引出线、安装符号等，适用于电力、照明和电信系统及平面图。

（10）二进制逻辑单元：包括组合和时序单元，运算器单元，延时单元，双稳、单稳和非稳单元，位移寄存器，计数器和贮存器等。

（11）模拟单元：包括函数器、坐标转换器、电子开关等。

4. 常用图形符号应用的说明。

（1）所有的图形符号，均由按无电压、无外力作用的正常状态示出。

（2）某些设备元件有多个图形符号，有优选形、其他形、形式1、形式2等。选用符号的遵循原则：尽可能采用优选形；在满足需要的前提下，尽量采用最简单的形式；在同一图号的图中使用同一种形式。

（3）符号的大小和图线的宽度一般不影响符号的含义，在有些情况下，为了强调某些方面或者为了便于补充信息，或者为了区别不同的用途，允许采用不同大小的符号和不同宽度的图线。

（4）为了保持图面的清晰，避免导线弯折或交叉，在不致引起误解的情况下，可以将符号旋转或成镜像放置，但此时图形符号的文字标注和指示方向不得倒置。

（5）图形符号一般都画有引线，但在绝大多数情况下引线位置仅用作示例，在不改变符号含义的原则下，引线可取不同的方向。如引线符号的位置影响到符号的含义，则不能随意改变，否则引起歧义。

（6）在GB4728中比较完整地列出了符号要素、限定符号和一般符号，但组合符号是有限的。若某些特定装置或概念的图形符号在标准中未列出，则允许通过已规定的一般符号、限定符号和符号要素适当组合，派生出新的符号。

（7）符号绘制：电气图用图形符号是按网格绘制出来的，但网格未随符号示出。

二、电气设备用图形符号

（1）电气设备用图形符号是完全区别于电气图用图形符号的另一类符号，主要适用于各种类型的电气设备或电气设备部件，也可用于安装或移动电气设备的场合，诸如禁止、警告、规定或限制等须注意的事项。

（2）电气设备用图形符号的用途：识别、限定、说明、命令、警告、指示。

（3）设备用图形符号须按一定比例绘制，含义明确，图形简单、清晰，易于理解，易于辨认和识别。

三、电气技术中的文字符号

1. 分类：电气技术中的文字符号分基本文字符号和辅助文字符号。基本文字符号分单字母符号和双字母符号。

（1）单字母符号：用拉丁字母将各种电气设备、装置和元器件划分为23大类，每大类用一个专用单字母符号表示。如R为电阻器，Q为电力电路的开关器件类等。

（2）双字母符号：由表示种类的单字母与另一字母组成，其组合形式以单字母符号在前，另一个字母在后的次序列出。双字母符号中的另一个字母通常选用该类设备、装置和元器件的英文名词的首位字母，或常用缩略语，或约定俗成的习惯用字母。

（3）辅助文字符号：表示电气设备、装置和元器件以及线路的功能、状态和特征，通常也是由英文单词的前一两个字母构成。它一般放在基本文字符号后边，构成组合文字符号。

2. 补充文字符号的原则：

（1）在不违背前面所述原则的基础上，可采用国际标准中规定的电气技术文字符号。

（2）在优先采取规定的单字母符号、双字母符号和辅助文字符号的前提下，可补充有关的双字母符号和辅助文字符号。

（3）文字符号应按有关电气名词术语国家标准或专业标准中规定的英文术语缩写而成。同一设备若有几种名称时，应选用其中一个名称。当设备名称、功能、状态或特征为一个英文单词时，一般采用该单词的第一位字母构成文字符号，需要时也可用前两位字母，或前两个音节的首位字母，或采用常用缩略语或约定俗成的习惯用法；当设备名称、功能、状态或特征为两个或三个英文单词时，一般采用该两个或三个音节的首位字母，或采用常用缩略语或约定俗成的习惯用法构成文字符号。

（4）因I、O易与1和0混淆，因此，不允许单独作为文字符号使用。

常用电气图形符号与文字符号如图6-1，6-2所示。

常用电气图形符号与文字符号

类别	名称	图形符号	文字符号	类别	名称	图形符号	文字符号
开关	单极控制开关	或	SA	位置开关	常开触头		SQ
	手动开关一般符号		SA		常闭触头		SQ
	三极控制开关		QS		复合触头		SQ
	三极隔离开关		QS	按钮	常开按钮		SB
	三极负荷开关		QS		常闭按钮		SB
	组合旋钮开关		QS		复合按钮		SB
	低压断路器		QF		急停按钮		SB
	控制器或操作开关		SA		钥匙操作式按钮		SB
接触器	线圈操作器件		KM	热继电器	热元件		FR
	常开主触头		KM		常闭触头		FR
	常开辅助触头		KM	中间继电器	线圈		KA
	常闭辅助触头		KM		常开触头		KA
时间继电器	通电延时(缓放)线圈		KT		常闭触头		KA
	断电延时(缓放)线圈		KT	电流继电器	过电流线圈		KV
	瞬时闭合的常开触头		KT		欠电流线圈		KV
	瞬时断开的常闭触头		KT		常开触头		KV
	延时闭合的常开触头	或	KT		常闭触头		KV
	延时断开的常闭触头	或	KT	电压继电器	过电压线圈		KA
	延时闭合的常闭触头	或	KT		欠电压线圈		KA
	延时断开的常开触头	或	KT		常开触头		KA

图6-1 常用电气图形符号与文字符号

常用电气图形符号与文字符号

类别	名称	图形符号	文字符号	类别	名称	图形符号	文字符号
电磁操作器	电磁铁的一般符号	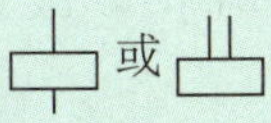 或	YA	电压继电器	常闭触头	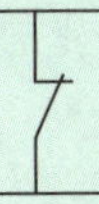	KA
	电磁吸盘	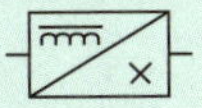	YH	电动机	三相笼型异步电动机	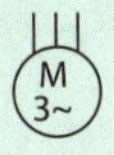	M
	电磁离合器	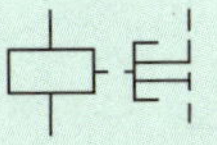	YC		三相绕线转子异步电动机	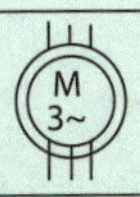	M
	电磁制动器	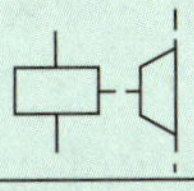	YB		他励直流电动机	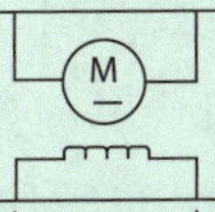	M
	电磁阀	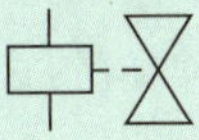	YV		并励直流电动机	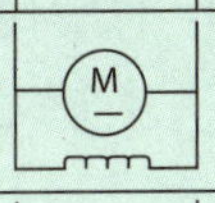	M
非电量控制的继电器	速度继电器常开触头	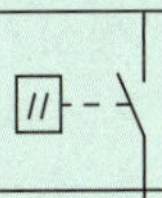	KS		串励直流电动机	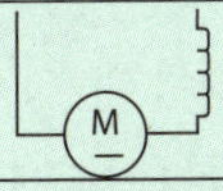	M
	压力继电器常开触头	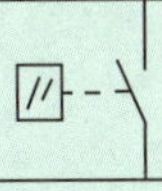	KP	熔断器	熔断器	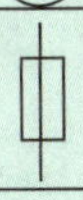	FU
发电机	发电机	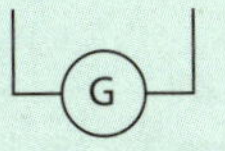 G	G	变压器	单相变压器	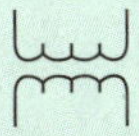	TC
	直流测速发电机	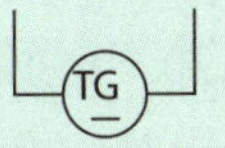 TG	TG		三相变压器	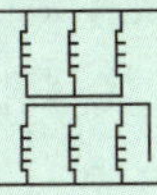	TM
灯	信号灯（指示灯）		HL	互感器	电压互感器	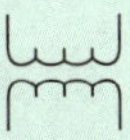	TV
	照明灯		EL		电流互感器	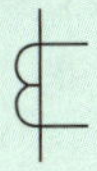	TA
接插器	插头和插座	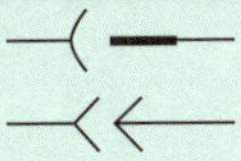	X 插头XP 插座XS		电抗器	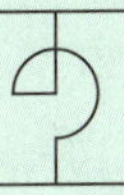	L

图6-2 常用电气图形符号与文字符号（续）

四、电气技术中的项目代号

（1）项目代号：用以识别图、表图、表格中和设备上的项目种类，并提供项目的层次关系、实际位置等信息的一种特定的代码。

（2）通过项目代号可以将不同的图或其他技术文件上的项目（软件）与实际设备中的该项目（硬件）一一对应和联系在一起。

（3）项目代号是由拉丁字母、阿拉伯数字、特定的前缀符号，按照一定规则组合而成的代码。一个完整的项目代号含有四个代号段：

高层代号段，前缀符号为"="；
种类代号段，前缀符号为"-"；
位置代号段，前缀符号为"+"；
端子代号段，前缀符号为"："。

（4）种类代号：用以识别项目种类的代号，有如下三种表示方法。

①由字母代码和数字组成。例如：

"-K2"，种类代号段的前缀符号+项目种类的字母代码+同一项目种类的序号

"-K2M"，前缀符号+种类的字母代码+同一项目种类的序号+项目的功能字母代码

②用顺序数字（1、2、3、……）表示图中的各个项目，同时将这些顺序数字和它所代表的项目排列于图中或另外的说明中，如-1、-2、-3、……

③对不同种类的项目采用不同组别的数字编号。如对电流继电器用11、12、13、……

用分开表示法表示的继电器，可在数字后加"."。

（5）高层代号是指系统或设备中任何较高层次（对给予代号的项目而言）项目的代号。如S2系统中的开关Q3，表示为"=S2-Q3"，其中"=S2"为高层代号。

（6）位置代号指项目在组件、设备、系统或建筑物中的实际位置的代号。位置代号由自行规定的拉丁字母或数字组成。在使用位置代号时，就给出表示该项目位置的示意图。如"+204+A+4"可写为"+204A4"，意思为A列柜装在204室第4机柜。

（7）端子代号通常不与前三段组合在一起，只与种类代号组合，可采用数字或大写字母，如"-S4：A"表示控制开关S4的A号端子，"-XT：7"表示端子板XT的7号端子。

（8）项目代号的应用：

=高层代号段-种类代号段（空隔）+位置代号段

其中高层代号段对于种类代号段是功能隶属关系，位置代号段对于种类代号段来说是位置信息。

如"=A1-K1+C8S1M4"表示A1装置中的继电器K1，位置在C8区间S1列控制柜M4柜中；"=A1P2-Q4K2+C1S3M6"表示A1装置P2系统中的Q4开关中的继电器K2，位置在C1区间S3列操作柜M6柜中。

五、电气图的一般规则

1. 电气图面的构成：边框线、图框线、标题栏、会签栏。

2. 幅面及尺寸：边框线围成的图面、图纸的幅面。

（1）幅面尺寸分五类：A0~A4，见表6-1。

A0~A2号图纸一般不得加长。

A3、A4号图纸可根据需要，沿短边加长。

表6-1 图纸幅面尺寸及规格

幅面代号	A0	A1	A2	A3	A4
B×L	841×1189	594×841	420×594	297×420	210×297
a	25				
c	10	5			
e	20	10			

（2）选择幅面尺寸的基本前提：保证幅面布局紧凑、清晰和使用方便。

（3）幅面选择考虑因素：

①所设计对象的规模和复杂程度。

②由简图种类所确定的资料的详细程度。

③尽量选用较小幅面。

④便于图纸的装订和管理。

⑤复印和缩微的要求。

⑥计算机辅助设计的要求。

3. 标题栏：标题栏（图6-3）是用以确定图样名称、图号、张次、更改和有关人员签名等内容的栏目，相当于图样的"铭牌"。

标题栏的位置一般在图纸的右下方或下方。标题栏中的文字方向为看图方向，会签栏是供各相关专业的设计人员会审图样时签名和标注日期用。

设计单位名称			工程名称	设计号	
				图号	
总工程师		主要设计人		项目名称	
设计总工程师		技核			
专业工程师		制图		图号	
组长		描图			
日期		比例			

图6-3 标题栏示例

六、图线、字体及其他

1. 图线：是指从起点到终点以任意方式连接的一组几何图形，它是组成图形的基本要素，形状可以是直线或曲线、连续线或不连续线，有粗实线、细实线、虚线、细点划线、粗点划线、双点划线（图6-4）。

图线名称	图线形式	图线宽度	主要用途
粗实线	——————	b	电气线路、一次线路
细实线	——————	约 b/3	二次线路、一般线路
虚线	- - - - - -	约 b/3	屏蔽线、机械连线
细点划线	— - — - — -	约 b/3	控制线、信号线、围框线
粗点划线	— - — - — -	b	有特殊要求线
双点划线	— - - — - -	约 b/3	原轮廓线

图6-4 常用电气图线的形式和宽度

2. 字体：包括汉字、字母、数字三种。国家规定汉字采用长仿宋体简化字。字的大小用字号表示，字体的号数代表字体的高度，系列字号是：1.8、2.5、3.5、5、7、10、14、20（单位：mm）。如图6-5所示。

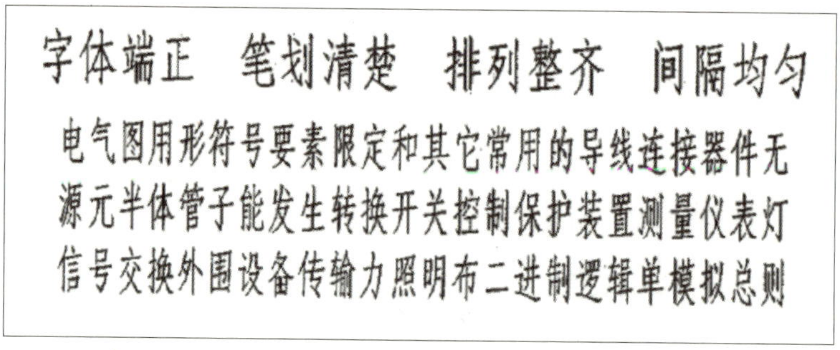

> 字体端正　笔划清楚　排列整齐　间隔均匀
> 电气图用形符号要素限定和其它常用的导线连接器件无
> 源元半体管子能发生转换开关控制保护装置测量仪表灯
> 信号交换外围设备传输力照明布二进制逻辑单模拟总则

图6-5 国标汉字示例

3. 箭头和指引线：

开口箭头：——▸　用于电气能量、电气信号的传递方向（能量流、信息流流向）。

实心箭头：——▶　用于可变性、力或运动方向，以及指引线方向。

指引线：指示注释的对象，应为细实线。如图6-6，有三种形式的指引线。指引线末端加注标记：指向轮廓线内，用一黑点；指向轮廓线上，用一实心箭头；指向电气连接线上，加一短划线。

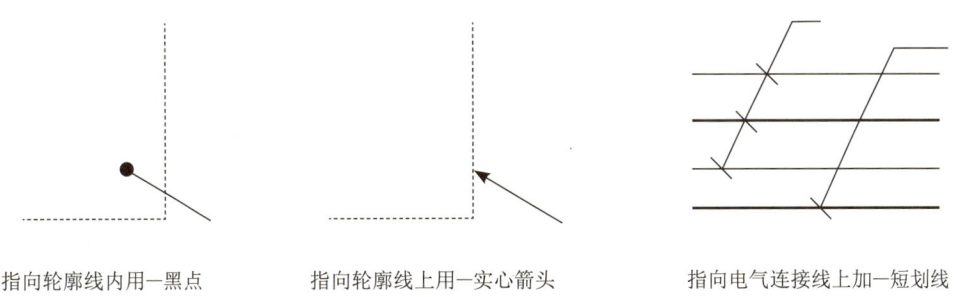

指向轮廓线内用一黑点　　　指向轮廓线上用一实心箭头　　　指向电气连接线上加一短划线

图6-6 常用箭头和指引线示例

4. 围框：当需要在图上显示出图的某一部分，如功能单元、结构单元、项目组时，可用点划线围框表示。如图上含有安装在别处而功能与本图相关的部分，则这部分可加双点划线。

5. 比例：图面上图形尺寸与实物尺寸的比值。通常采用的缩小比例系列：1∶10、1∶20、1∶50、1∶100、1∶200、1∶500。

6. 尺寸：

尺寸由尺寸线、尺寸界线、尺寸起止箭头（或45°短划线）、尺寸数字四个要素组成。

（1）尺寸注法的基本规则。

①物件的真实大小应以图样上的尺寸数字为依据，与图形大小及绘图的准确度无关。

②图样中的尺寸数字，如没有明确说明，一律以mm为单位。

③图样中所标注的尺寸，为该图样所示机件的最后完工尺寸。

④物件的每一尺寸，一般只标注一次，并应标注在反映该结构最清晰的图形上。

（2）尺寸注法（图6-7）。

①线性尺寸（长度、宽度、厚度）的尺寸数字一般注写在尺寸线的上方，也可注写在尺寸线的中断处。

②角度数字一律写成水平方向，注写在尺寸线的中断处，也可采用引出注写的方式。

③在没有足够的位置画箭头或注写数字时也可移出标注。

④一些特定尺寸必须标注符号，如直径符号Φ，半径符号R，球符号S，球直径符号$S\Phi$，球半径符号SR，厚度符号δ，参考尺寸用（ ）表示，正方形符号用□。

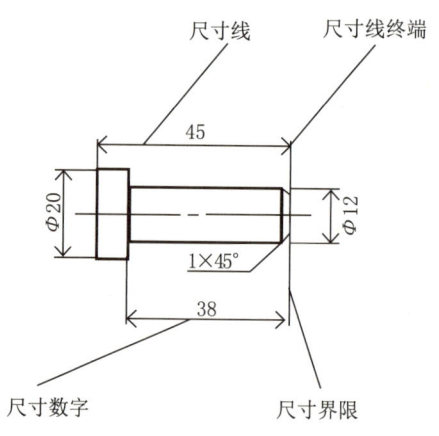

图6-7 尺寸的标注示例

7. 安装标高有绝对标高和相对标高之分。

绝对标高：海拔高度以青岛市外黄海平面作为零点而确定的高度尺寸。

相对标高：选定某一参考面或参考点为零点而确定的高度尺寸。

电气位置图均采用相对标高，一般采用室外某一平面、某一层楼平面作为零点而计算高度。这个标高称为安装标高或敷设标高，写作"±0.00"。

8.方位：电力照明和电信布置图等类图纸按上北下南、右东左西表示电气设备或构筑物的位置和朝向，但在许多情况下需用方位标记表示其朝向。

风向频率标记：表示设备安装地区一年四季风向情况。在电气布置图上往往标有风向频率标记（图6-8）。它根据此地区多年平均统计的各个方向吹风次数的百分数，按一定比例绘制而成。

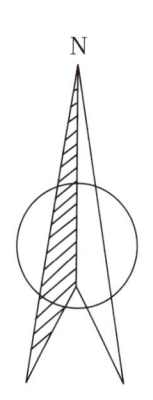 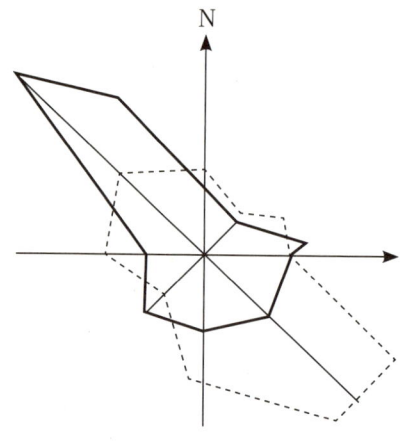

图6-8 风向频率标记图

9.建筑物定位轴线：凡承重墙、柱、梁等主要承重构件的位置所画的轴线。

定位轴线编号的基本原则：在水平方向，从左至右用顺序的阿拉伯数字；垂直方向，用拉丁字母由下向上编写；数字和字母用点划线引出。如图6-9所示。

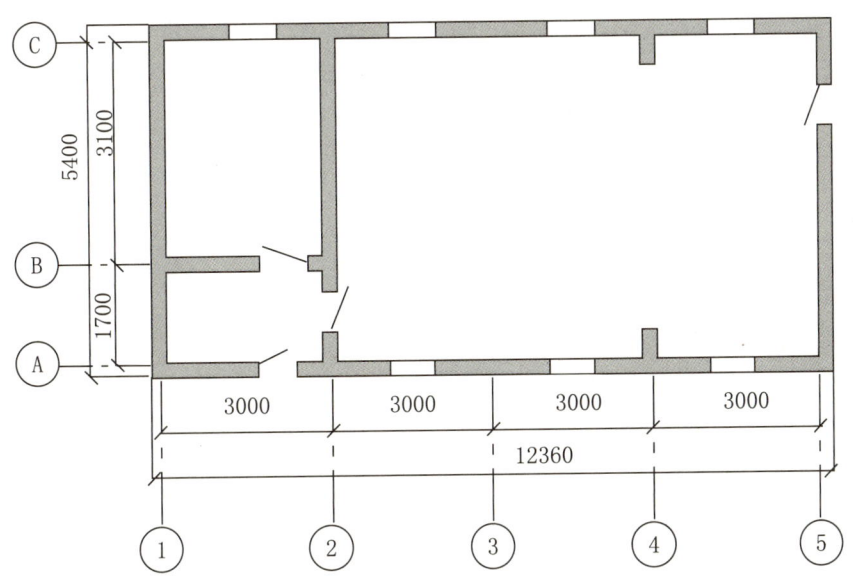

图6-9 建筑物的轴线标注示例

七、电气元件触点位置、工作状态和技术数据的表示方法

1. **触点分两类**：一类为靠电磁力或人工操作的触点（接触器、电继电器、开关、按钮等），另一类为非电和非人工操作的触点（非电继电器、行程开关等）。

2. **触点表示**：

（1）接触器、电继电器、开关、按钮等项目的触点符号，在同一电路中，在加电和受力后，各触点符号的动作方向应取向一致，当触点具有保持、闭锁和延时功能的情况下更应如此。

（2）对非电和非人工操作的触点，必须在其触点符号附近表明运行方式。用图形、操作器件符号及注释、标记和表格表示。

3. **元件的工作状态的表示方法**：元件、器件和设备的可动部分通常应表示在非激励或不工作的状态或位置。

（1）继电器和接触器在非激励的状态。

（2）断路器、负荷开关和隔离开关在断开位置。

（3）带零位的手动控制开关在零位位置，不带零位的手动控制开关在图中规定的位置。

（4）机械操作开关的工作状态与工作位置的对应关系，一般应表示在其触点符号的附近，或另附说明。

事故、备用、报警等开关应表示在设备正常使用的位置,多重开闭器件的各组成部分必须表示在相互一致的位置上,而不管电路的工作状态。

4. 元件技术数据的标注方法:电气元器件的技术数据一般标在图形符号近旁。当连接线水平布置时,尽可能标在图形符号的下方,垂直布置时,则标在项目代号的下方;还可以标在方框符号或简化外形符号内。

5. 注释和标志的表示方法:

(1)注释的两种方法:直接放在所要说明的对象附近和将注释放在图中的其他位置。

(2)如设备面板上有信息标志,则应在有关元件的图形符号旁加上同样的标志。

八、元件接线端子的表示方法

1. 端子:在电气元件中,用以连接外部导线的导电元件。

端子分类:固定端子和可拆卸端子。

固定端子图形符号:例如○或③,其中的数字表示端子编号。

可拆卸端子图形符号:Φ。

2. 以字母数字符号标志接线端子的原则和方法:

(1)单个元件的两个端点用连续的两个数字表示。单个元件的中间各端子用自然递增顺序的数字表示。

(2)相同元件组:

①在数字前冠以字母,如标志三相交流系统的字母U1、V1、W1等。

②若不需要区别相别,可用数字1.1、2.1、3.1标志。

(3)同类的元件组,可以用序号列,如写为1U1、1V1、1W1等。

(4)与特定导线相连的电器接线端子的标志,按表6-2中的字母进行标记。例如交流三相输入及接地、接中性线等。

表6-2 电器接线端子标记

电气端子	标记符号
交流系统:1 相	U
2 相	V
3 相	W
中性线	N
直流系统:正极	C
负极	D
中间线	M
保护接地	PE
接地	E
无噪声接地	TE
机壳或机架	MM[注]
等电位连接	CC[注]

注:只有当这些接线端子与保护接地线或接地线电位不等时,才采用这些标记。

3. 端子代号的标注方法：

（1）电阻器、继电器、模拟和数字硬件的端子代号应标在其图形符号的轮廓外面。零件的功能和注解标注在符号轮廓线内。

（2）对用于现场连接、试验和故障查找的连接器件的每一连接点都应标注端子代号。

（3）在画有围框的功能单元或结构单元中，端子代号必须标注在围框内，以免被误解。

九、连接线：在电气图上，各种图形符号间的相互连线

1. **导线的表示方法**，见图6-10。

2. **图线的粗细**：电源主电路、一次电路、主信号通路等采用粗线，与之相关的其余部分用细线。表示主电路有多线表示法和单线表示法，多线表示法是每根连接线或导线各用一条图线表示的方法，其特点是能详细地表达各相或各线的内容，尤其在各相或各线内容不对称的情况下采用此法；在三相或多线基本对称的情况，使用单线表示法，特点是线路清晰，简便易懂。

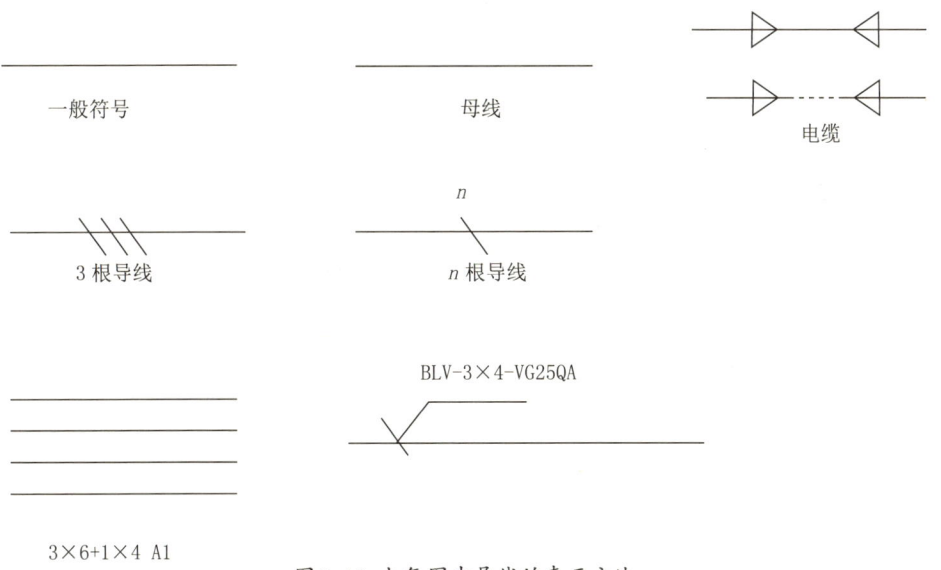

图6-10 电气图中导线的表示方法

3. **连接线的分组**：母线、总线、配电线束、多芯电线电缆等可视为平行连接线。对多条平行连接线，应按功能分组，不能近功能分组的，可以任意分组，每组不多于三条，组间距大于线间距离。

连接线标记：标记一般置于连接线上方，也可置于连接线的中断处，必要时，还可在连接线上标出信号特性的信息。

4. **导线连接点的表示方法**：

（1）T形连接点可加实心圆点（图6-11）。

("T"形连接点)

图6-11 电气图中T形连接点的表示方法

（2）+形连接点可加实心圆点（图6-12）。

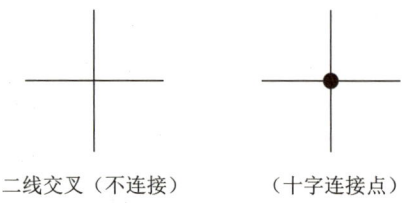

二线交叉（不连接）　　（十字连接点）

图6-12 电气图中+形连接点的表示方法

（3）对交叉而不连接的两条连接线，在交叉处不能加实心圆点（图6-12），并应避免在交叉处改变方向，也应避免穿过其他连接线的连接点。

十、连接线的连续表示法和中断表示法

1. 用单线表示的连接线的连续表示法（图6-13）：

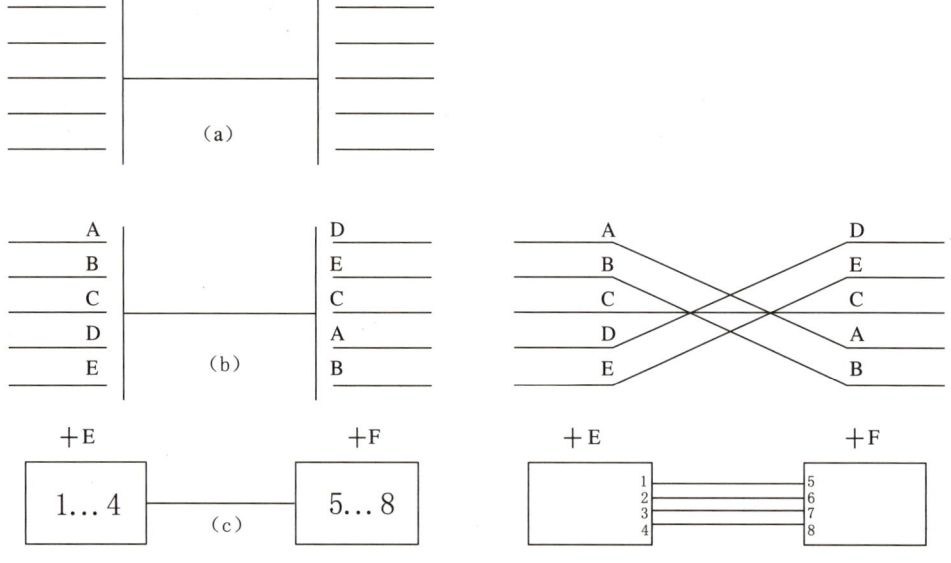

图6-13 单线表示的连接线的连续表示法

2.连接线的中断表示方法（图6-14）：

（1）穿越图面的连接线较长或穿越稠密区域时，允许将连接线中断，在中断处加相应的标记。

（2）去向相同的线组可用中断线表示，并在中断处的两端分别加注适当的标记。

（3）一条图线需要连接到另外的图上去，则必须用中断线表示。

（4）用符号标记表示连接线的中断。

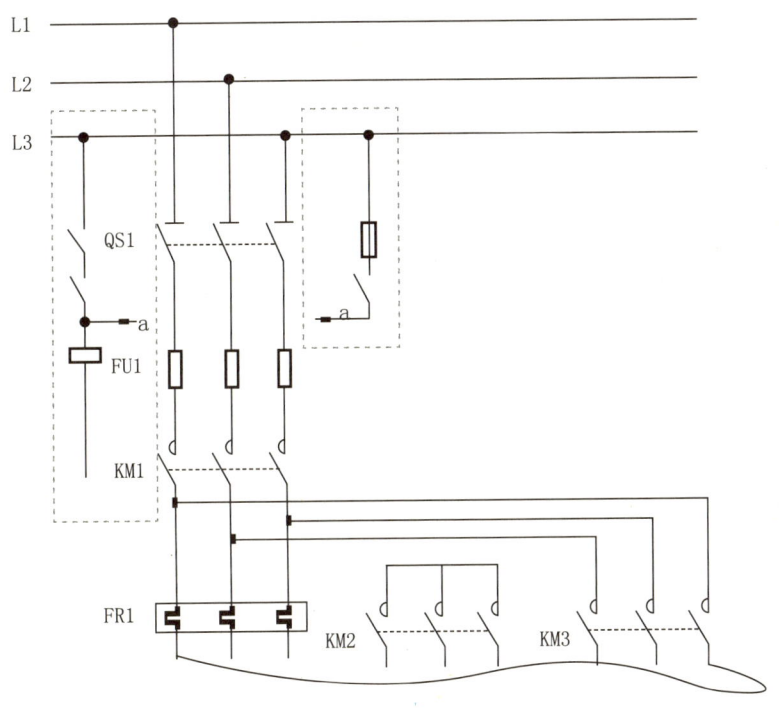

图6-14 连接线的中断表示法

十一、导线的识别标记及其标注方法

1. **导线的识别标记**：标在导线或线束两端，必要时标在其全长的可见部位（或标在图线上），以识别导线或线束的标记。

2. **主标记**：只标记导线或线束的特征，而不考虑其电气功能的标记系统。主标记分从属标记、独立标记和组合标记三种。

（1）从属标记（图6-15，6-16）：以导线所连接的端子的标记或线束所连接的设备的标记为依据的导线或线束的标记系统。从属标记分从属本端标记、从属远端标记、从属两端标记三种。

①从属本端标记的原则：对于导线，其终端标记应与远端所连接项目的端子代号相同；对于线束，其终端标记应标出所连接设备的部件的标记。

②从属远端标记的原则：对于导线，其终端标记应与远端所连接项目的端子代号相同；对于线束，其终端标记应标出远端所连接的部件的标记。

③从属两端标记的原则：对于导线，其终端标记应同时标明本端和远端所连接项目的端子代号；对于线束，其终端标记应同时标明本端和远端所连接设备部件的标记。

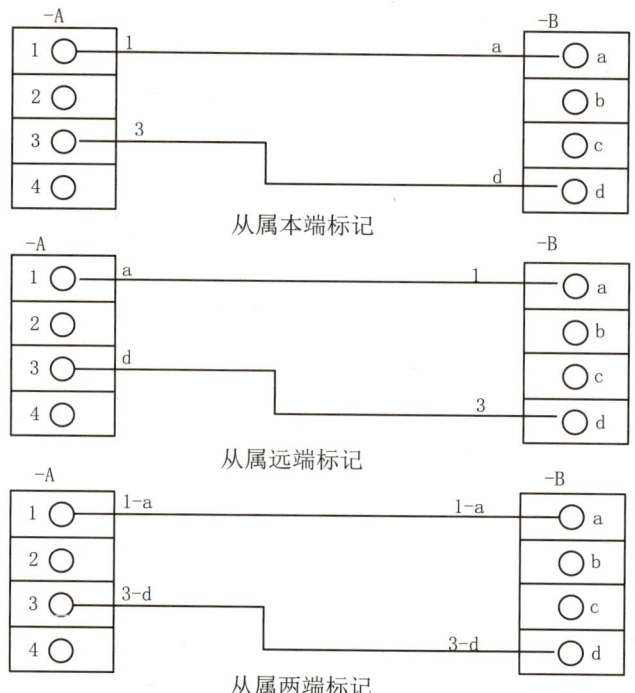

图6-15 导线的从属标记法

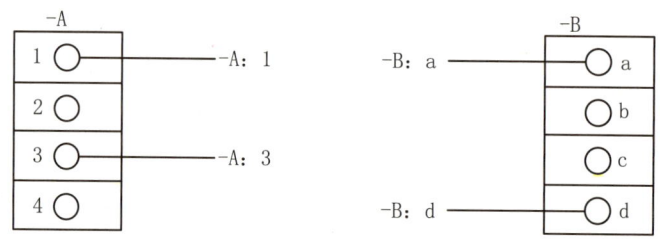

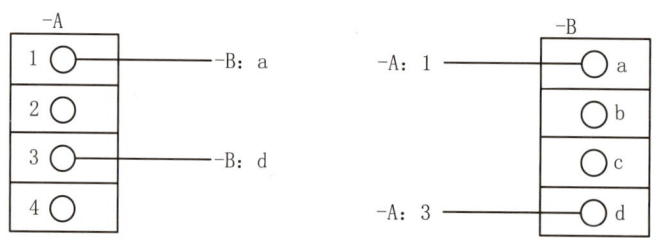

图6-16 中断线从属标记示例

（2）独立标记（图6-17）：与导线所连接的端子的标记或线束所连接的设备的标记无关的导线或线束的标记系统。两导线分别标记1和2，与两端的端子标记无关，此种标记方式只用于连续线方式表示的电气接线图。

（3）组合标记：从属标记和独立标记一起使用的标记系统。从属本端标记和独立标记一起使用的组合标记，两根导线分别标记为A1-1-Ba\A3-2-Bd（图6-17）。

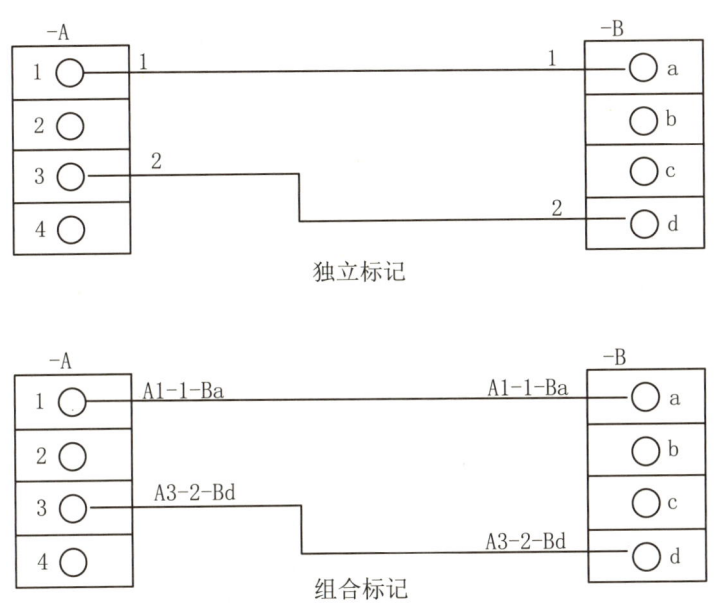

图6-17 导线连接的独立标记和组合标记法示例

3. 补充标记：它一般用作主标记的补充，并且以每一导线或线束的电气功能为依据。补充标记通常用字母或特定符号表示，为避免混淆，补充标记和主标记用符号分开。如图6-18所示。

从属本端标记+独立标记+补充标记

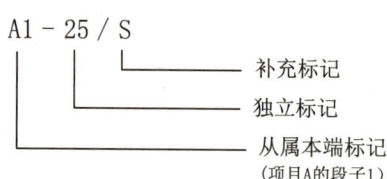
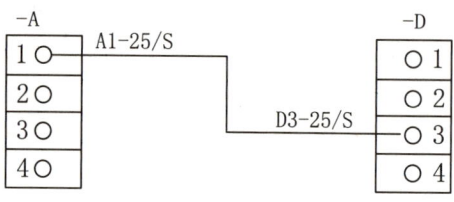

从属远端标记+独立标记+补充标记

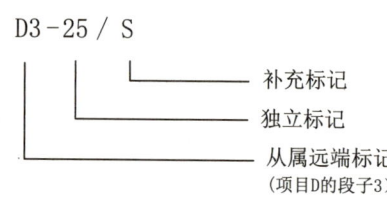
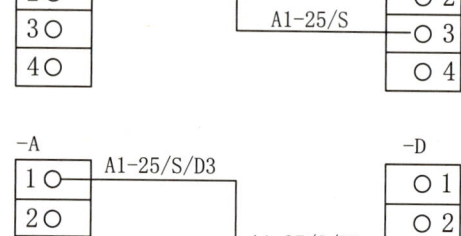

从属两端标记+独立标记+补充标记

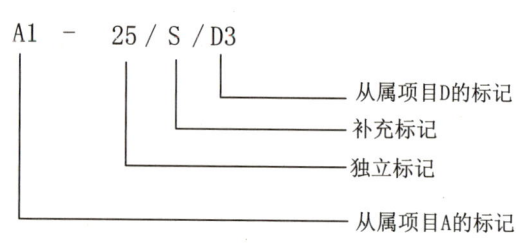
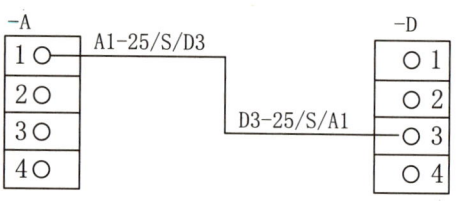

图6-18 主标记和补充标记方法示例

第三节　电力工程识图示例

一、电力系统图纸的主要构成

一般来说，电力系统图纸包括设计说明书、综合部分、电气一次部分、电气二次及继电保护、土建部分等专业图集。

（1）设计说明书的作用是将图纸中未能说明或者不便说明的有关事项进行描述。

（2）综合部分包括电气系统图和框图、配套的其他专业外（例如消防、安保等）设计。

（3）电气一次部分主要是电力一次系统主接线图、设备选型及清单、安装施工图等。

（4）电气二次及继电保护主要包括二次设备选型和清单、主要电气原理图、接线图、电缆清册等。

（5）土建部分主要包括配套的高压室、低压室、主控室及职工宿舍、给排水等。具体识图方法见土建专业基础知识入门教材类书籍。

二、系统图和框图的基本特征与用途

1. **系统图和框图**（图6-19）：用符号或带注释的框，概略表示系统或分系统的基本组成、相互关系及主要特征的一种简图。

2. **系统图与框图的共同点和区别：**

共同点：都是用符号或带注释的框来表示。

区别：系统图通常用于表示系统或成套装置，而框图通常用于表示分系统或设备；系统图若标注项目代号，一般为高层代号，框图若标注项目代号，一般为种类代号。

3. **电气系统图和框图的作用：**

（1）作为进一步编制详细技术文件的依据。

（2）供操作和维修时参考。

（3）供有关部门了解设计对象的整体方案、简要工作原理和主要组成的概况。

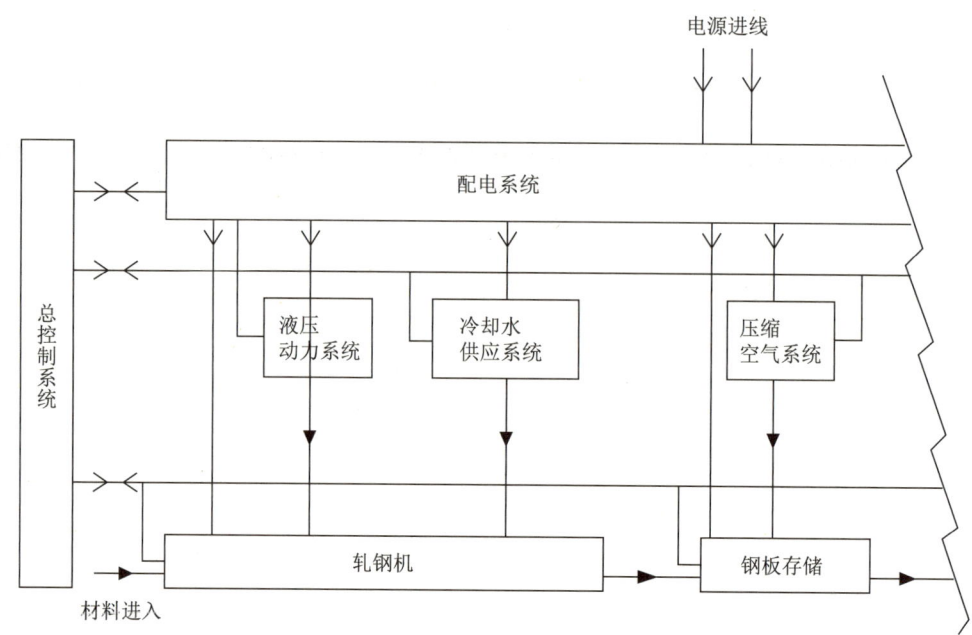

图6-19 某轧钢厂电气系统框图示例

三、系统图和框图绘制的基本原则和方法

1. **图形符号的运用**:

(1) 采用方框符号:方框符号表示元件、设备等的组合及其功能,是既不给出元件、设备细节,也不考虑所有连接的一种简单的图形符号。

(2) 采用带注释的框:系统图和框图中的框可能为一系统、分系统、成套装置或功能单元,用带注释的框来表示对象。框的形式有实线框和点划线框,点划线框包含的容量大。

2. **层次划分**:较高层次的系统图和框图,可反映对象的概况;较低层次的系统图和框图,可将对象表达得较为详细。

3. **项目代号的标注方法**:

(1) 在系统图和框图上,各个框上标注项目代号。

(2) 较高层次的系统图上标注高层代号;较低层次的框图上,标注种类代号。

(3) 由于系统图和框图不具体表示项目的实际连接线和安装位置,所以一般不标注端子代号和位置代号。

(4) 项目代号标注在各框的上方或左上方。

4. **连接线的表示方法**:

（1）连接方法：当采用带点划线框绘制时，其连接线接到该框内图形符号上；当采用方框符号或带注释的实线框时，其连接线接到框的轮廓线上。

（2）连接线形式：

电线连接线——细实线；

电源电路和主信号电路——粗实线；

机械连接线——虚线。

（3）信号流向：系统图和框图的布局，须清晰并利于识别过程和信息的流向。控制信号流向与过程流向垂直绘制，在连线上用开口箭头表示电信号流向，用实心箭头表示非电过程和信息的流向。

（4）连接线上有关内容的标注：在系统图和框图上，根据需要加注各种形式的注释和说明。

四、电气一次部分

1.电气主接线的基本概念：

（1）电气主接线：在发电厂或变电所中，由所有一次电气设备通过连接组成的用来接收或分配电能的电路。

电气主接线在物理上有三层含义：

①所限定的范围：一个发电厂或变电所（不含厂或站用电）的一次电气设备的综合，即包含一个发电厂或变电所所有的电压等级。

②面向的对象：具体的每个三相的一次设备。

③安装的地点：除了所有发电机和主变压器，还有分属不同电压等级的配电装置。

电气主接线使用到的设备元件有：

①有汇流母线：起汇集和分配电能的作用，也称汇流排。有汇流母线：单母线、单母线分段、双母线、双母线分段；增设旁路母线或旁路隔离开关，一倍半断路器接线，变压器母线组接线等。

②无汇流母线：单元接线、桥形接线、角形接线等。

③进、出线：进线指电源，出线指线路。

④主要高压设备中，断路器、隔离开关（母线、线路）、接地刀闸的操作顺序：a.送电操作顺序：先合上断路器两侧的隔离开关，再投入断路器；b.停电检修操作顺序：先断开断路器，再断开断路器两侧的隔离开关；c.待线路对方停电后，再合上接地刀闸。

（2）电气主接线图：在发电厂、变电所中，用图形符号和连接导线所表示的（由发电机、变压器、开关设备、母线、输电线路、电流互感器、电压互感器、放电间隙、避雷器等）一次设备的电能传输流程图。电气主接线图用单线图表示。

它的含义是：

①所限定的范围：一个发电厂或变电所（不含厂或站用电）的一次电气设备的综合，即包含一个发电厂或变电所所有的电压等级。

②面向的对象是：具体的每个三相的一次设备。

③实质是图形符号：用图形符号和连接导线所表示的（由发电机、变压器、开关设备、母线、输电线路、电流互感器、电压互感器、放电间隙、避雷器等）一次设备的电能传输流程图。

我们在识图时遇到的电气主接线均使用单线图来表示，它实际的电路接线是三相回路和元件。

2.电气主接线的主要接线方式：

（1）单母线接线（图6-20）：

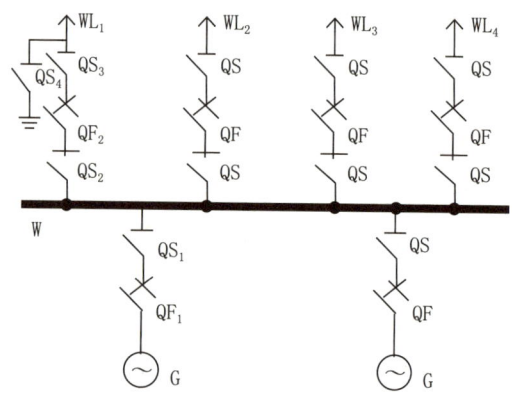

图6-20 单母线接线

特点：简单、清晰、设备少。当母线故障或检修，或母线隔离开关检修时，整个系统全部停电。断路器检修期间也必须停止该回路的供电。

适用范围：单电源的发电厂和变电所，及出线回路数少、用户对供电可靠性要求不高的场合。

（2）单母线分段接线（图6-21）：

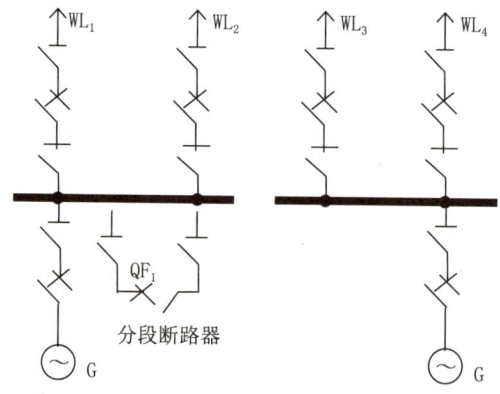

图6-21 单母线分段接线

特点：减小母线故障或检修时的停电范围。断路器检修期间必须停止该回路的供电。

母线分段的数目，通常以2～3分段为宜，分段太多增加了分段断路器。

适用范围：6～10 kV配电装置出线6回及以上；35 kV出线数为4～8回；110～220 kV出线数为3～4回。

（3）单母线分段加装旁路母线接线（图6-22）：

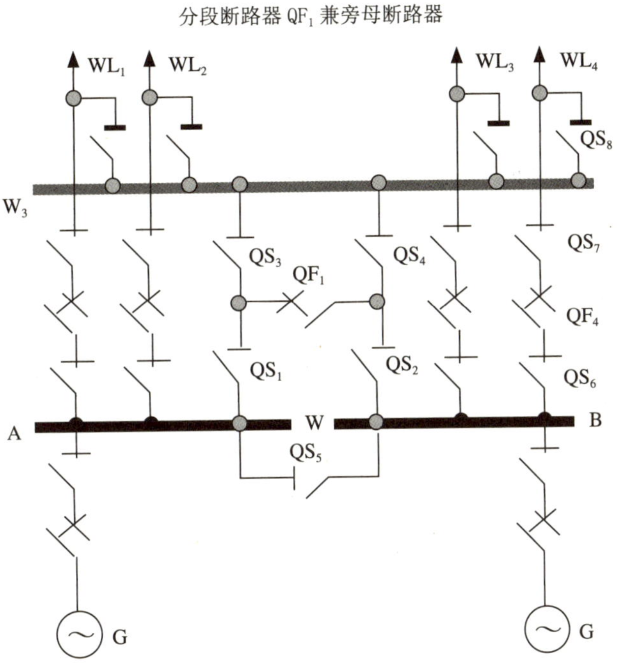

图6-22 单母线分段加装旁路母线接线

旁路母线的作用：不停电检修进出线断路器。

操作方式（检修QF_4，且WL_4不停电）：如A、B段经QF_1和QS_1、QS_2并列运行，则闭合QS_5，断开QF_1，断开QS_1，闭合QS_3，闭合QF_1使W_3带电（不要首先闭合QS_8）。此时若W_3隐含故障，则由继电保护装置动作断开QF_1。

若W_3充电正常，操作可以继续进行：合上QS_8，断开QF_4。这时WL_4由母线B、QS_2、QF_1、QS_3、W_3、QS_8、WL_4供电，并由QF_1替代断路器QF_4。QF_4检修前，应把QS_6、QS_7断开。

适用范围：中小型发电厂和35～110 kV的变电所。

（4）双母线接线（6-23）：

接线图：

具有两组母线 W_1，W_2，每一回路经一台断路器和两组隔离开关分别与两组母线连接，母线之间通过母线联络断路器 QF（简称母联）连接。

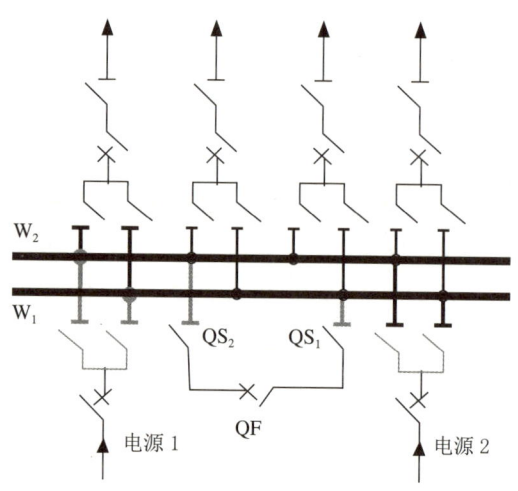

图6-23 双母线接线

运行方式说明：

①母联QF断开，一组母线工作，另一组母线备用，全部进出线接于运行母线上。

②母联QF断开，进出线分别接于两组母线上，两组母线分裂运行。

③母联QF闭合，电源和馈线平均分配在两组母线上。

优点：检修一组母线，可使回路供电不中断；一组母线故障，部分进出线会暂时停电；供电可靠，调度灵活，又便于扩建。

电力系统主接线方式还有更加复杂的组合，我们在此略过。

3.总平面布置图：

下面提供了变电站、开闭所（开关站）平面布置图示例（图6-24~6-26），供读者阅读练习。

总平面布置图是一张反映变电站（或开关站）全貌的俯视图，表示电气设备的相对位置、连接方法、总体布局和定位。其作用主要是解决和协调全站建筑物、道路在平面布置的相互关系和相对位置。主变压器、高压配电装置、低压配电装置的布局是总平面布置的主体与核心。

4.防雷与接地布置图：

电力设施的防雷与接地是一张重要图纸，它用来说明防雷装置（避雷针、避雷带等）的位置、规格，防雷保护范围，与设备和建筑物的配合关系等，防雷装置需要有接地网等接地装置合理布置，因此接地网的设计也非常重要。根据规模和复杂程度不同，防雷与接地可分别用多个专用图说明，如果是较简单的35 kV以下的变电站或者开关站，防雷与接地可合并为一张图。有时接地网施工也与土建专业部分合并在一起。

5.设备安装图：

设备安装图用于说明主变、开关、刀闸、成套高压装置等设备的安装方式、相对位置和安装尺寸、注意事项等，每张图一般配套有相应的材料规格、型号表等。

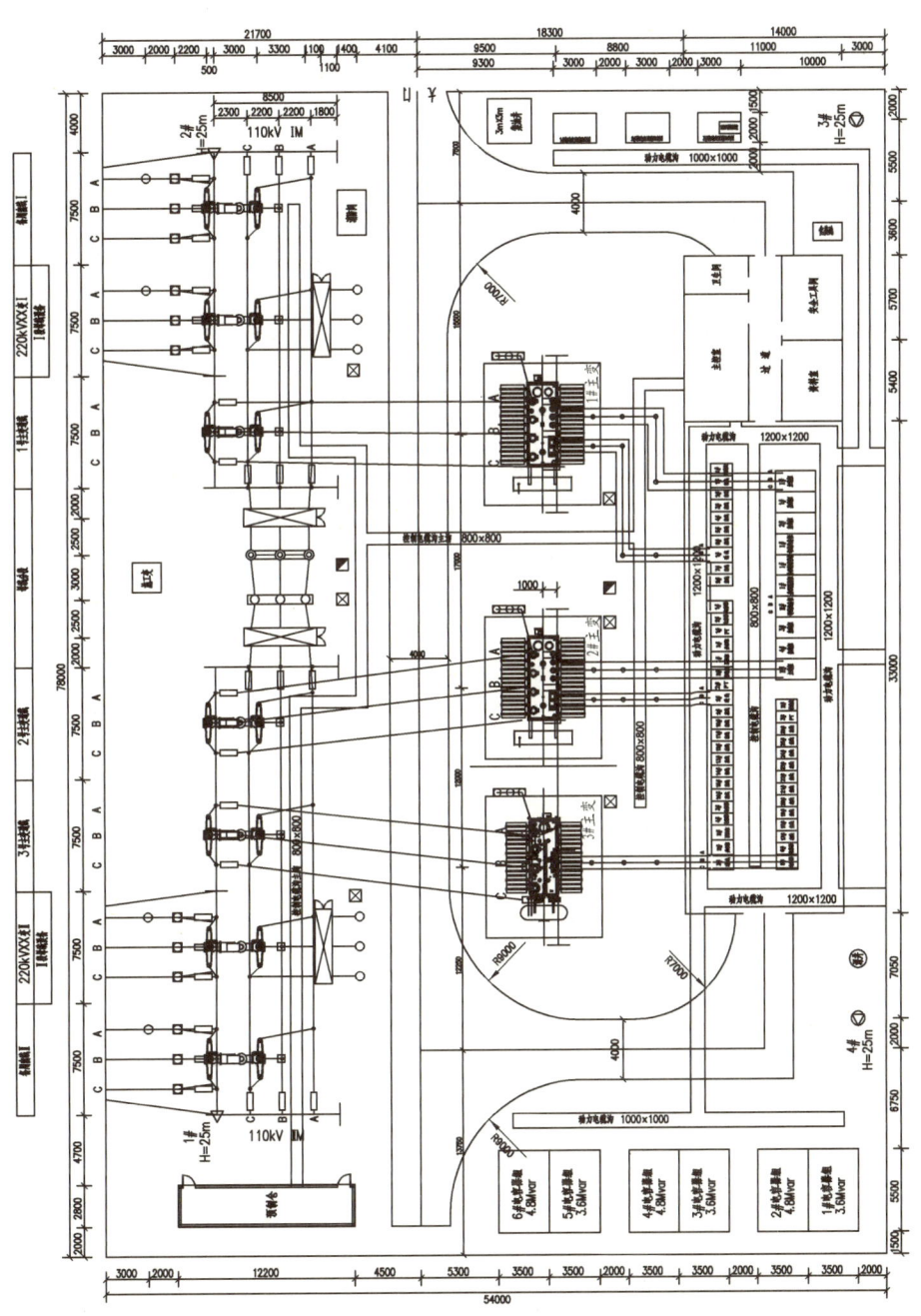

图6-24 110 kV变电站总平面布置图示例

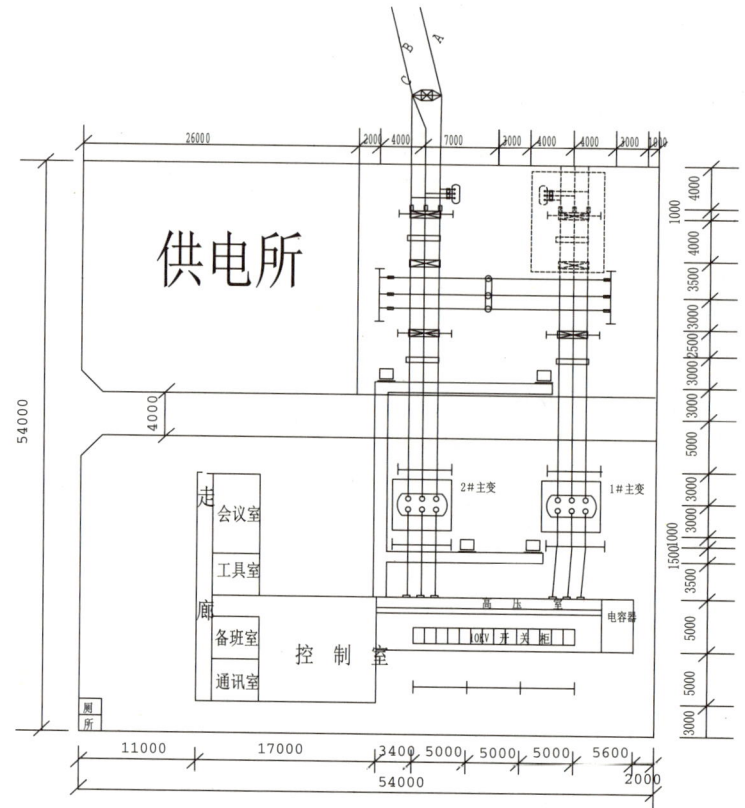

图6-25 35 kV变电站总平面布置图示例

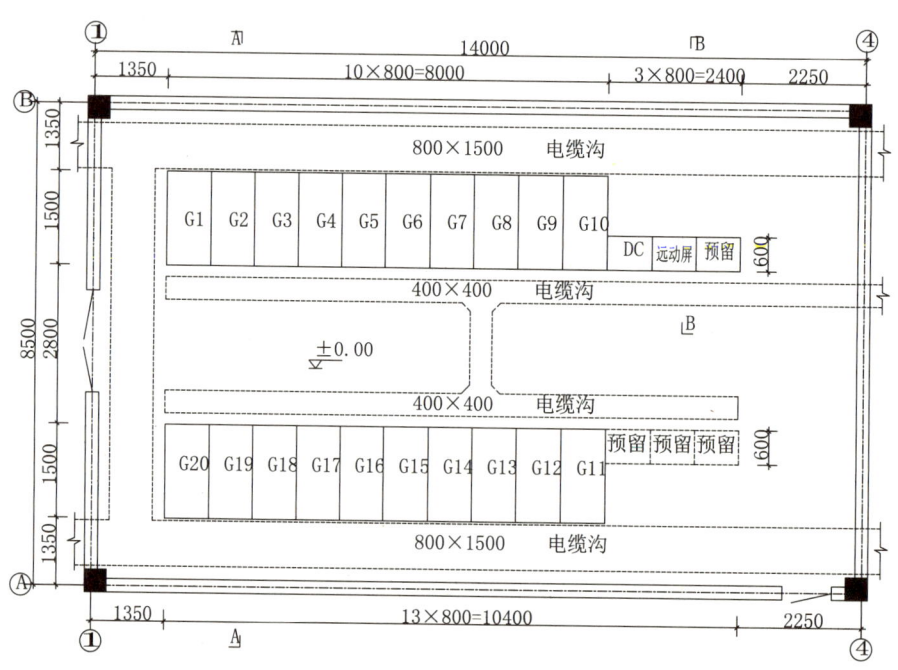

图6-26 10 kV开闭所总平面布置图

五、电气二次部分

电气二次及继电保护、自动装置等是用来对电力设备进行控制、保护、测量、计量、通信及遥测、遥信和遥视等的设备，接线复杂。阅读这部分图纸前要对电力一次系统的主要图纸有基本了解，然后按照识图顺序阅读。通常来说，电气二次部分有控制回路、保护回路、测量回路和计量回路四个基本的部分，要分别识别理解。各个回路的阅读可依次按照电气原理接线、展开接线、设备接线、电缆布放及清册等来进行。

1. 原理接线图（图6-27）：是用来表示继电保护、测量仪表和自动装置等工作原理的一种二次接线图。特点：二次回路中的元件及设备以整体形式表示，同时将相互联系的电气部件和连线画在同一张图上，给人以明确的整体概念。

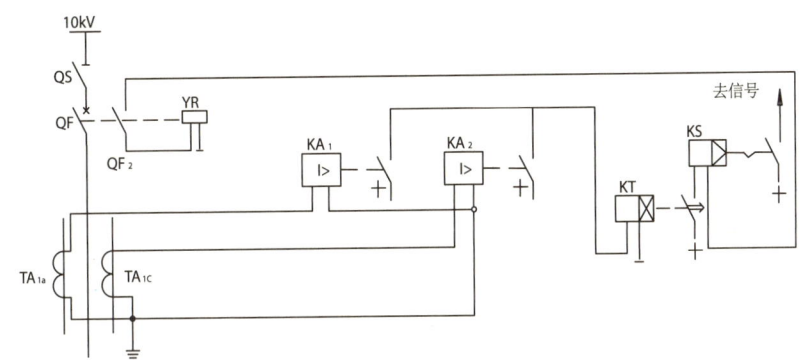

图6-27 原理接线图

说明：QS——隔离开关、QF——断路器、KA——电流继电器、KT——时间继电器、KS——信号继电器。

2. 展开接线图（简称展开图）（图6-28）：用来说明二次回路的动作原理，在现场使用极为普遍。特点：将每套装置的有关设备部件解体，按供电电源的不同分别画出电气回路接线图，如交流电流回路、交流电压回路和直流回路分开表示。于是，同一个仪表或继电器的电流线圈、电压线圈和接点分别画在不同的回路里，为了避免混淆，将同一个元件及设备的线圈和结点采用相同的文字标号表示。

3. 安装接线图：是制造厂加工制造屏（屏盘）和现场施工安装所必不可少的图，也是运行试验、检修和事故处理等的主要参考图。安装接线图包括屏面布置图、屏背面接线图和端子排图三个组成部分，它们相互对应，相互补充。

（1）屏面布置图（图6-29）：说明屏上各个元件及设备的排列位置和其相互间距离尺寸的图，要求按照一定的比例尺绘制。

（2）屏背面接线图（图6-30）：在屏上配线所必需的图，其中应标明屏上各设备在屏背面的引出端子之间的连接情况，以及屏上设备与端子排的连接情况。

屏背面接线图和端子排图必须说明导线从何处来，到何处去，以防接错导线。我国广泛采用"相对编号法"，例如甲、乙两个端子需用导线连接起来，则在甲端子旁边标上乙端子的编号，而在乙端子旁边标上甲端子的编号；如果一个端子需引出两根导线，那么，在它旁边就标出所要连接的两个端子编号。

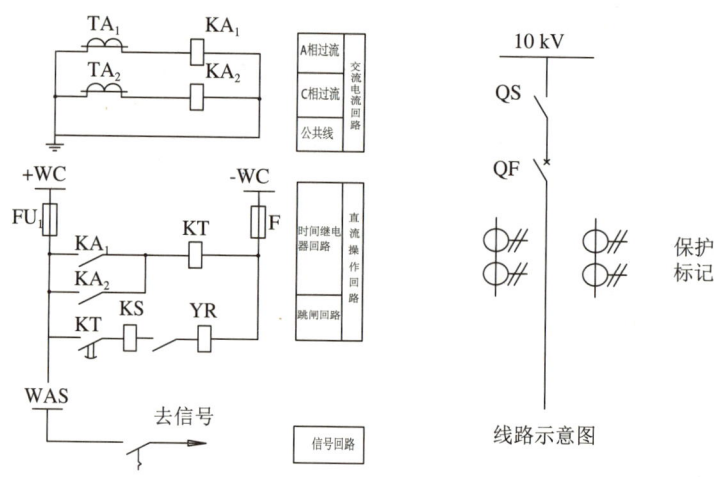

图6-28 展开接线图

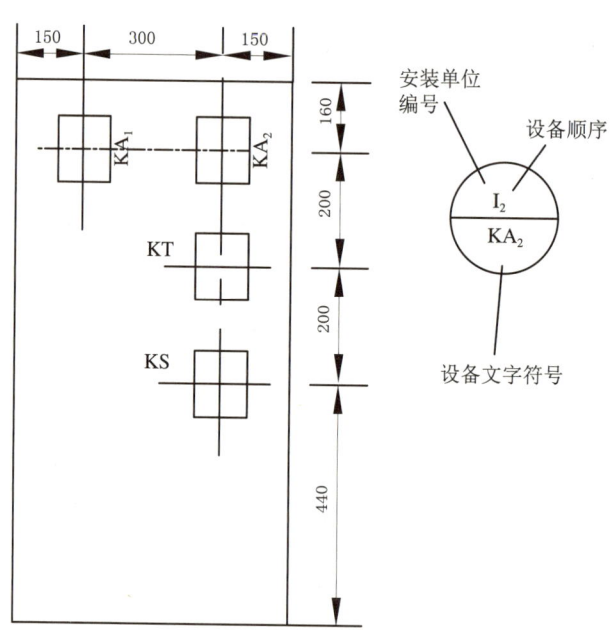

图6-29 屏面布置图

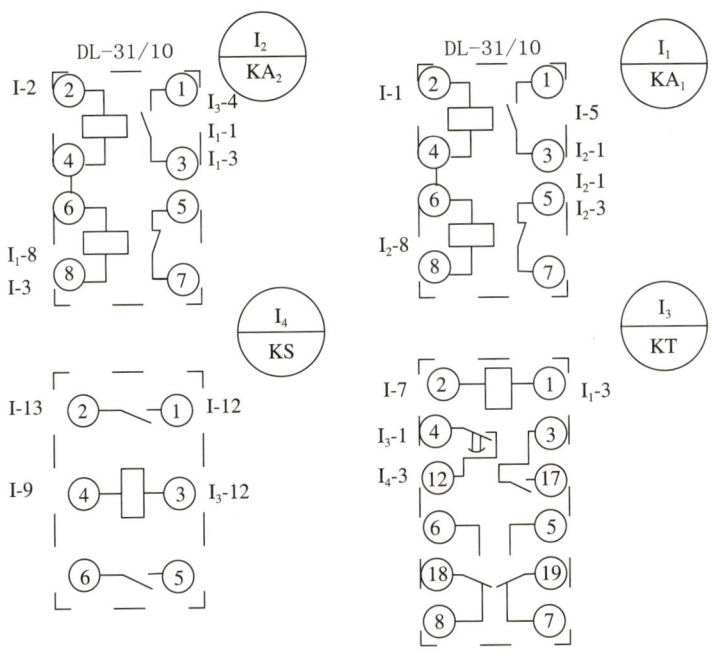

图6-30 屏背面接线图

（3）端子排图（图6-31）：表示屏上需要装设的端子数目、类型及排列次序以及它与屏外设备连接情况的图。

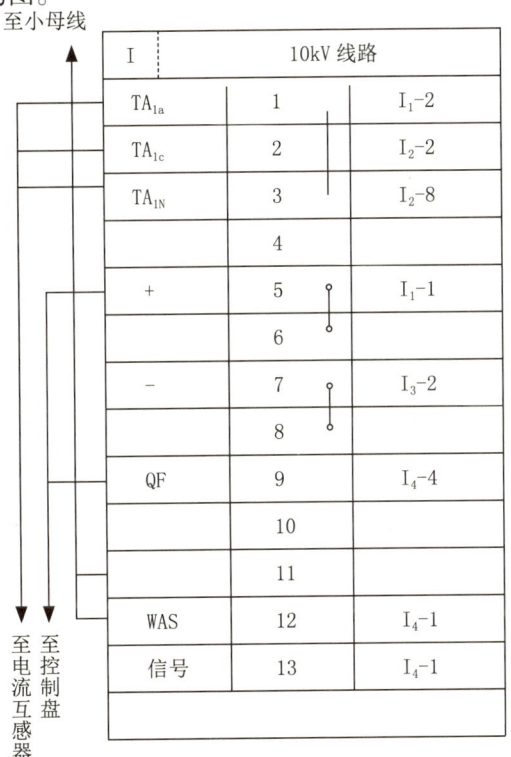

图6-31 端子排接线图

第六章※思考题

6-1. 国家电网公司的配电网典型设计的内容有哪些?
6-2. 常用配电设备的电气符号有哪些?
6-3. 电力系统配电网主接线图主要包含的内容是什么?
6-4. 电力系统配电网电气平面图的作用有哪些?
6-5. 电力系统配电网设备的安装图有哪些?

第七章

Diqizhang

继电保护与自动装置

第一节　电网事故与继电保护的概念

一、什么是电网事故？

1.电力系统事故：是指电力系统设备故障或人员工作失误，影响电能供应数量或质量并超过规定范围的事件。

引起电力系统事故的原因是多方面的，如自然灾害、设备缺陷、管理维护不当、检修质量不好、外力破坏、运行方式不合理、继电保护误动作和人员工作失误等。有关人为原因形成的电网事故，请参阅国网公司的《国家电网公司安全事故调查规程》。本书只讨论电网设备及运行因素形成的事故、障碍等对系统的影响。

电力设备事故的发生和扩展过程，一般是由局部绝缘损坏或者受外力破坏，造成系统单相接地、断线或者相间短路，这时需要及时判别出故障类型和故障点，运用一定的措施并将其从系统中隔离或者消除，使系统恢复正常运行。

2.电力系统常见设备事故，一般由以下几种情况引起：

（1）设备自身绝缘损坏。例如设备绝缘子、线圈等因质量原因受潮、变质，长期过负荷使绝缘性能下降直到被击穿。

（2）受雷击、各种因素的过电压影响，导致绝缘被击穿。

（3）因过电流、烧损导致绝缘破坏。

（4）受外力破坏，误操作等。

二、什么是继电保护？

继电保护是对电力系统中发生的故障或异常情况进行检测，从而发出报警信号，或直接将故障部分隔离、切除的一种重要措施。因在其发展过程中曾主要用有触点的继电器来保护电力系统及其元件（发电机、变压器、输电线路等），使之免遭损害，所以也称继电保护。

基本任务是：当电力系统发生故障或异常工况时，在可能实现的最短时间和最小区域内，自动将故障设备从系统中切除，或发出信号由值班人员消除异常工况根源，以减轻或避免设备的损坏和对相邻地区供电的影响。

继电保护是随着电力系统的发展而发展起来的。最早的继电保护装置是熔断器。20世纪初随着电力系统的发展，继电器开始广泛应用于电力系统的保护，这时期是继电保护技术发展的开端。从20世纪50年代到90年代末，在40余年的时间里，继电保护完成了发展的4个阶段，即从电磁式保护装置到晶体管式继电保护装置，到集成电路继电保护装置，再到微机继电保护装置。

随着电子技术、计算机技术、通信技术的飞速发展，人工智能技术如人工神经网络、遗传算法、进化规模、模糊逻辑等相继在继电保护领域的研究应用，继电保护技术向计算机化、网络化、一体化、智能化方向发展。

无论继电保护发展到什么程度，按其基本原理都可分为以下几种：

（1）过电流保护：当电流超过预定最大值时，使保护装置动作的一种保护方式。当流过被保护原件中的电流超过预先设定的某个数值时，保护装置启动，并用时限保证动作的选择性，使断路器跳闸或给出报警信号。过电流保护是一种最基本的保护方式，它可以迅速切断电力短路故障，限制其扩大危害。由此延伸出多种过电流保护，如定时限过流保护、反时限过电流保护、速断保护等。

（2）欠电压保护。由于短路故障等原因，线路电压会在短时间内出现大幅度降低甚至消失的现象，它会给线路和电器设备带来损伤。例如：使电动机疲倒、堵转，从而产生数倍于额定电流的过电流，烧坏电动机；当电压恢复时，大量电动机的自起动又会使电动机的电压大幅度下降，造成危害。引起电动机疲倒、堵转的电压称为临界电压。当线路电压降低到临界电压时，保护电器的动作称为欠电压保护，其任务主要是防止设备因过载而烧毁。当本路电压低于临界电压保护电器才动作的称为失压保护，其主要任务是防止电动机自起动。

（3）功率方向保护：利用电压和电流的乘积判明电流流向（相位）的继电保护，用于多侧电源的系统。其主要元件是功率方向继电器，由电流互感器和电压互感器取得电流、电压信号，以判明短路故障位于保护装置处的正向或反向。本保护通常与其他保护联动来提高对故障范围和部位的保护精准度。

（4）距离保护：用电压与电流的比值（即阻抗）构成的继电保护，又称阻抗保护，阻抗元件的阻抗值是接入该元件的电压与电流的比值$U/I=Z$，也就是短路点至保护安装处的阻抗值。因线路的阻抗值与距离成正比，所以叫距离保护或阻抗保护。距离保护分为接地距离保护和相间距离保护等。

（5）差动保护。差动保护是利用基尔霍夫电流定理工作的，当变压器正常工作或区外故障时，流入变压器的电流和流出电流（折算后的电流）相等，差动继电器不动作。当变压器内部故障时，两侧（或三侧）向故障点提供短路电流，差动保护感受到的二次电流的和正比于故障点电流，差动继电器动作。

（6）纵联保护：输电线的纵联保护，就是用某种通信通道将输电线两端的保护装置纵向联结起来，将各端的电气量（电流、功率的方向等）传送到对端，将两端的电气量比较，以判断故障在本线路范围内还是在线路范围外，从而决定是否切断被保护线路。理论上这种纵联保护具有绝对的选择性。简单说就是，如果输电线路首端和末端电流（或功率）不一致，说明线路中间有短路点，则切除线路。

（7）瓦斯保护：通常用于在变压器上安装瓦斯继电器，动作原理是当变压器出现内部故障时，产生的气体将聚集在瓦斯继电器的上部，使油面降低。当油面降低到一定程度后,上浮筒便下沉,使水银接点接通,发出信号。如果是严重故障,油流会冲击挡板,使之偏转,并带动挡板后的连动杆向上转动,挑动与水银接点卡环相连的连动环,使水银接点分别向与油流垂直的两侧转动,两水银接点同时接通,使开关跳闸或发出信号。瓦斯保护的范围是:变压器内部多相短路;匝间短路;匝间与铁芯或外皮短路;铁芯故障(发热烧损);油面下降或漏油;分接开关接触不良或导线焊接不良。

三、什么是二次回路?

二次回路按功能可划分为:

(1)控制回路:由各种控制器具、控制对象和控制网络构成。其主要作用是对发电厂及变电所的开关设备进行跳、合闸操作,以满足改变主系统运行方式及处理故障的要求。

(2)信号回路:由信号发送机构、接收显示元件及其网络构成。其作用是准确、及时地显示出相应一次设备的工作状态,为运行人员提供操作、调节和处理故障的可靠依据。

(3)测量监察回路:由各种电气测量仪表、监测装置、切换开关及其网络构成。其作用是指示或记录主要电气设备和输电线路的运行参数,监察绝缘状况,作为生产调度和值班人员掌握主系统的运行情况、进行经济核算和故障处理的主要依据。

(4)继电保护与自动装置:由互感器、变换器、各种继电器及自动装置、选择开关及其网络构成。其作用是保护主系统的正常运行,一次系统一旦出现故障或异常便自动进行处理,并发出相应信号。

(5)调节回路:由测量机构、传输设备执行元件及其网络构成。其作用是调节某些主设备的工作参数,以保证主设备及电力系统的安全、经济、稳定运行。

①同期回路:由电压互感器、同期开关、同期装置构成。

②操作电源:由直流电源设备和供电网络构成。其作用是供给上述各二次系统的工作电源、计算器及其他重要设备的事故电源。

按二次回路的发展阶段划分:

(1)就地分散控制:对每个被控制对象设置独立的控制回路,在设备安装处一对一地控制。这种控制方式简便易行,但不便于各机组、设备间的协调配合,适用于小型发电厂及变电所。

(2)集中控制:在发电厂或变电所设置一个中央控制室(又称主控室),对全厂(所)主要电气设备(如同步发电机、主变压器、高压厂用变压器、35 kV及其以上电压的输电线路等)实行远方集中控制。采用集中控制时,相应的继电保护、自动装置也安装在中央控制室内,可节省电缆,便于调试维护,提高运行安全性。

(3)单元控制:200 MW及其以上发电机采用的控制方式。炉、机、电按单元控制运行,设置数个单元控制室和一个网络控制室。每个单元控制室包括发电机或发电机-双绕组变压器、高压厂用变压器及备用变压器,以及其他需要集中控制的设备。

在网络控制室控制三绕组及自耦变压器、高压母线设备和110 kV及其以上高压输电线路。运行实践表明，采用单元控制有利于运行人员协调配合，尤其是便于炉、机、电的统一指挥调度和事故处理，并可大大改善炉、机值班人员的工作条件，是目前我国大型发电厂主要采用的控制方式。

（4）综合控制：以计算机为核心，同时完成发电厂及变电所的控制、监控、保护、测量、调节、分析计算、计划决策等功能，实现最优化运行。综合控制是电力自动化水平高度发展的重要标志，这样的成套装置叫作综合自动化保护系统，也简称"综自"。

四、电力系统常见的自动装置

1. **发电机自动励磁——自动调节励磁**。同步发电机为了实现能量的转换，需要有一个直流磁场，而产生这个磁场的直流电流，称为发电机的励磁电流。根据励磁电流的供给方式，凡是从其他电源获得励磁电流的发电机，称为他励发电机；从发电机本身获得励磁电源的，称为自励发电机。

2. **电源备自投（BZT）——备用电源自动投入**。备自投是备用电源自动投入使用装置的简称，应急照明系统就是一个备自投的电源系统。备用电源自动投入使用装置通常采用继电接触器作为蓄电池自投备的控制。当主电源故障时，继电接触器控制系统的控制触头自动闭合，自动将蓄电池与应急照明电路接通。

3. **自动重合闸——自动判断故障性质，自动合闸**。自动重合闸装置是将因故障跳开后的断路器按需要自动投入的一种自动装置。

4. **自动准同期——自动调节，实现准同期并列**。自动准同期是利用频差检查、压差检查及恒定导前时间的原理，通过时间程序与逻辑电路，按照一定的控制策略进行综合而成的，它能圆满地完成准同期并列的基本要求，简称ASS。

第二节 综合自动化系统

变电站综合自动化系统是利用先进的计算机技术、现代电子技术、通信技术和信息处理技术等实现对变电站二次设备（包括继电保护、控制、测量、信号、故障录波、自动装置及远动装置等）的功能进行重新组合、优化设计，对变电站全部设备的运行情况执行监视、测量、控制和协调的一种综合性的自动化系统。通过变电站综合自动化系统内各设备间相互交换信息、数据共享，完成变电站运行监视和控制任务。近年来随着数字技术、光通信技术的飞速发展和整合，变电站综合自动化替代了变电站常规二次设备，光缆替代了电缆，简化了变电站二次接线。

1.**监控子系统**：包括模拟量、开关量和电能量数据采集；事件顺序记录SOE；故障记录；故障录波和测距；操作控制功能；安全监视功能；人机联系功能；打印功能；数据处理与记录功能；谐波分析与监视。

2.**微机保护子系统**：包括变压器、输电线、电容器组、母线等的保护和不完全接地系统的单相接地选线。

3.**电能量计算子系统**：电能量包括有功电能与无功电能，电能量的采集与管理是变电站综合自动化系统的重要组成部分。

4.**自动控制子系统**：包括

（1）电压、无功综合控制装置：通过对系统电压和负荷、无功运行水平等因素的优化，对补偿电容器、电抗和有载调压变压器分接头实现最优操作的综合控制装置。

（2）电力系统的低频减负荷控制：能实现对线路和负荷重要程度、有功和无功大小优化，进行多轮减载。

（3）备用电源自投控制：作用是当工作电源因故障或者其他原因消失时，将备用电源迅速投入，以恢复对系统的供电。它是保障供电可靠性的重要手段之一。

5.**谐波分析与监测功能**。

6.**变电站综合自动化系统的通信**：包括内部现场级间的通信和自动化系统与上级调度的通信两部分。前者有并行通信、串行通信、局域网络和现场总线等多种方式，后者以部颁通信规约（如POLLING、CDT等规约）与上级调度通信完成遥测、遥信、遥调、遥控等四遥功能。

综合自动化系统从结构上可以分为三种：集中式结构、分级分布式结构、分散分布式结构（图7-1~7-3）。这三种结构也是随着技术进步慢慢发展而来的，特别是分散分布式结构，整合了光纤及通信技术、数字化电能采集管理、统一的通信接口，用于建设、改造为智能化变电站，是一种发展方向。

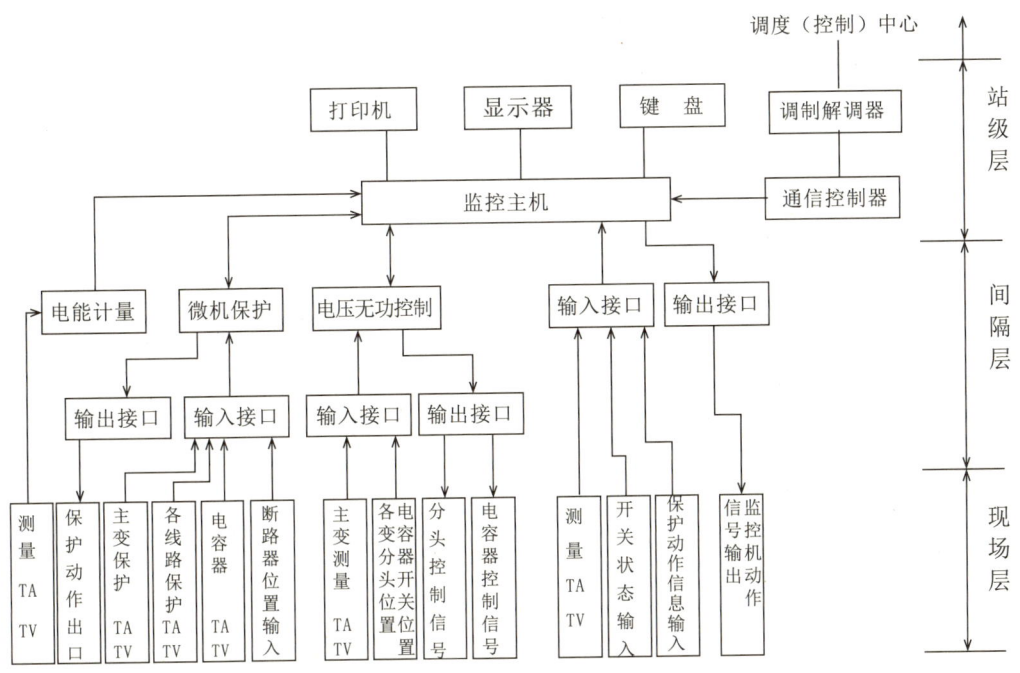

图7-1 集中式结构综合自动化系统

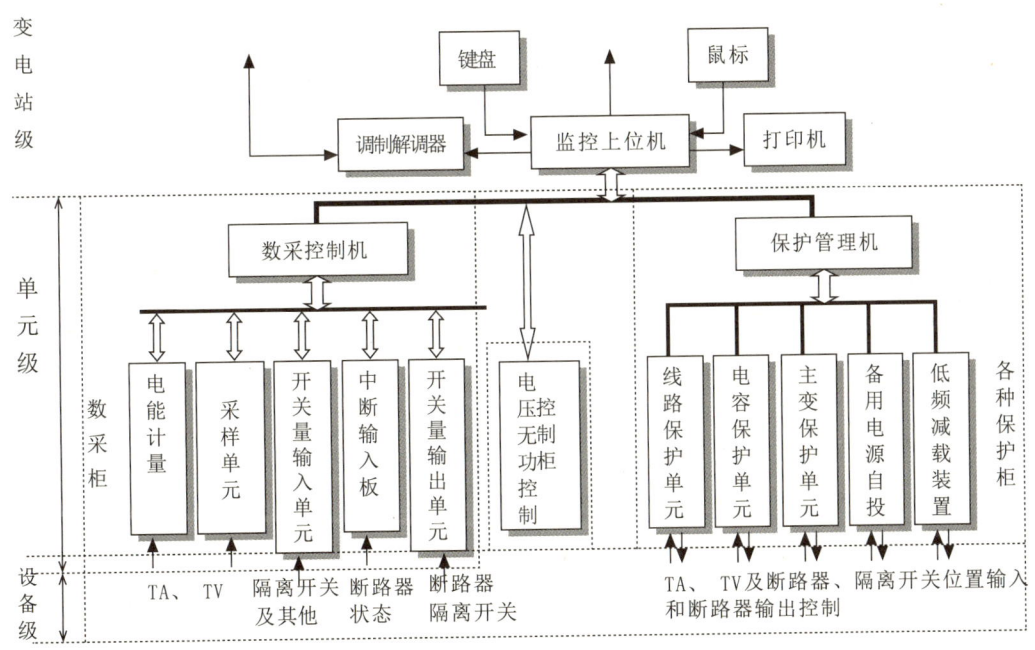

图7-2 分级分布式结构综合自动化系统

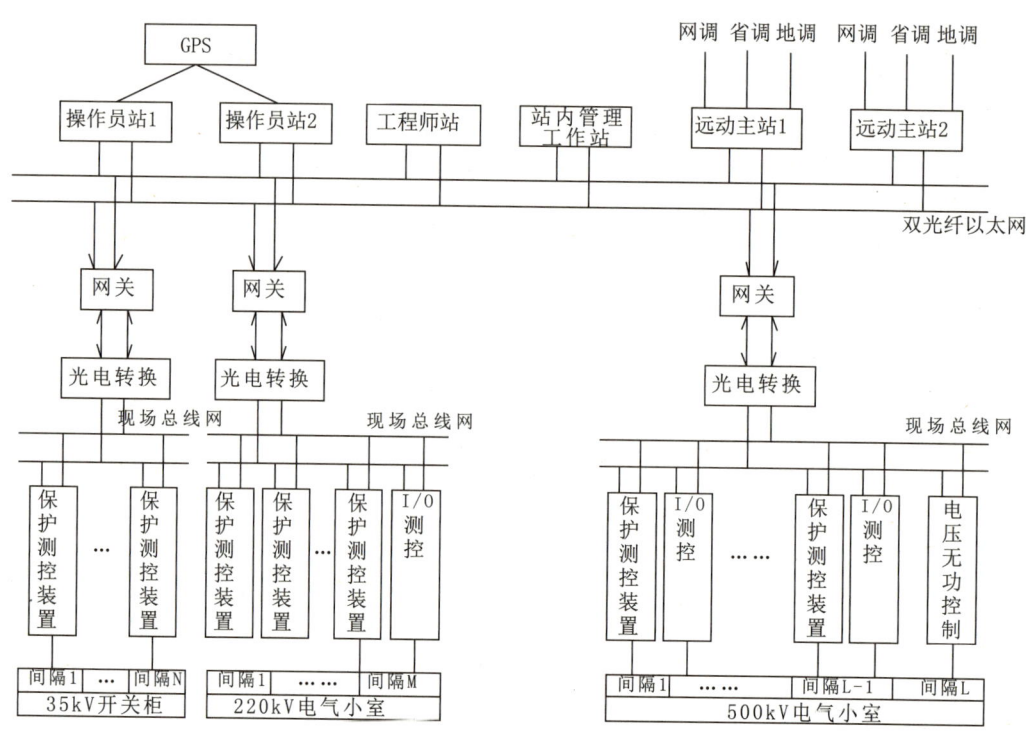

图7-3 分散分布式结构综合自动化系统

第七章※思考题

7-1. 电力系统配电网的二次继电保护的概念是什么?
7-2. 电力系统配电网的综合自动化概念是什么?
7-3. 电力系统10 kV配电线路的主要保护内容是什么?
7-4. 电力系统10 kV配电变压的保护有哪些?

第八章

Dibazhang

电气试验

第一节 电气试验概念

一、电气试验

电气试验是在电气系统、电气设备投入使用前,为判定其有无安装或制造方面的质量问题,以确定新安装的或运行中的电气设备是否能够正常投入运行,而对电气系统中各电气设备单体的绝缘性能、电气特性及机械性等,按照标准、规程、规范中的有关规定逐项进行试验和验证。通过这些试验和验证,可以及时地发现并排除电气设备在制造和安装时的缺陷、错误和质量问题,确保电气系统和电气设备能够正常投入运行。

在电力系统中,通常把电气系统、电气设备在新建或者大修施工后、投入使用前进行的试验项目和程序,叫作交接试验。交接试验执行国家标准GB50150-2006《电气装置安装工程 电气设备交接试验标准》;对已经投入运行的设备,为了及时发现存在的缺陷和隐患,预防发生事故和设备损坏,而进行的试验和检测,叫作预防性试验,它执行电力行业标准DL/T596-1996《电力设备预防性试验规程》。

下面我们介绍常见的电气试验。

二、绝缘电阻和吸收比试验

1.绝缘电阻试验:是对电器主绝缘的重要试验项目,用于检验电气部分或绕组之间、对地之间的绝缘性能,能灵敏反映变压器绝缘整体受潮、整体劣化和绝缘贯穿性缺陷。

2.吸收现象和吸收比:由于变压器绕组相对绝缘,存在一定的电容效应,通常变压器容量越大,其电容量也越大,因此可以把它等效视作一个双层介质的电容器(如8-1左图),进行绝缘试验时,我们把K合上,初始电流表的读数变化如8-1右图的电流曲线所示,开始较大,随后缓慢变小,最后稳定为一个常数I_g,这样的现象叫作吸收现象。被试品的电容电流、吸收电流和泄漏电流的影响,产生了一定的吸收电流i_a。

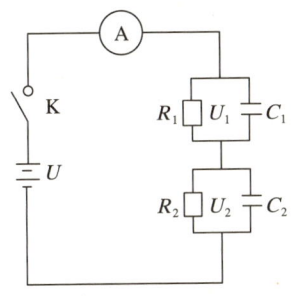 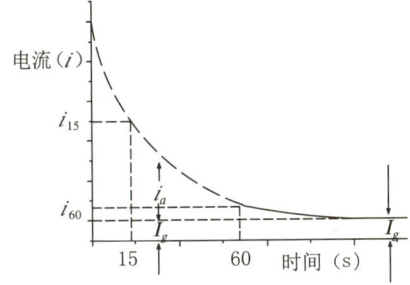

图8-1 （左）双层介质的等值电路；（右）吸收曲线

我们把被试品在加电60秒与15秒时电流的读数之比，定义为吸收比K。用以下公式来表示：

$$K = \frac{R_{60s}}{R_{15s}} = \frac{I_{15s}}{I_{60s}}$$

经推导可知，它与相应的阻抗一致。一般来说，其绝缘性能较好，吸收比就大，$K>2$；而设备受潮后，吸收比变小，甚至于没有，这时$K<2$，如果$K<1.3$，通常可判定为绝缘受潮。绝缘电阻和吸收比试验通常使用各种规格的兆欧表进行。

3.兆欧表简介：

测量绝缘电阻的兆欧表叫绝缘电阻测试仪（或绝缘电阻表），其常用规格一般按直流电压等级有100 V、250 V、500 V、1000 V、2500 V、5000 V等，这个直流电压就是兆欧表在测试时发出的电压，它越高，则可测量的绝缘电阻值越大。对于同一个被试绝缘物品，采用不同规格的兆欧表测出的绝缘电阻值是有差别的。因此在电力试验规程DL/T474.1-2006《现场绝缘试验实施导则 绝缘电阻、吸引比和极化指数试验》中，对如何选用合适规格的兆欧表做出了规定。

绝缘电阻试验程序和步骤：

（1）根据被试品绝缘材料、电压等级选用合适的兆欧表，兆欧表每年应检定一次，且在有效期内。一般来说应该和历次试验（或出厂试验）使用相同规格，这样便于比较其绝缘性能的变化，判断是否正常。

（2）试验前进行自检，方法是将兆欧表水平放置，其端子L和E呈开路状态，摇动把手（或打开试验开关至开）至额定转速（120转/分），观察读数应指向无穷大"∞"；然后用线将L和两个端子短接起来，轻摇把手，此时绝缘电阻读数应指向"0"。轻摇把手是为了防止打坏指针。

（3）对被试设备试验，接线方式有两种（图8-2）：第一种是无屏蔽接线方式，适用于设备未受潮、未受污染，或者环境干燥、试验条件较好的情况，将L接被试设备，E接外壳；否则，为了排除绝缘子受潮、受污染的泄漏电流影响，应使用将G端子接设备绝缘的屏蔽环。接线检查正确无误后，以恒定转速（120转/分）摇动把手，分别将15秒、60秒时的读数记录下来，填写到试验表格中，进行简单计算即可得出试验结果。

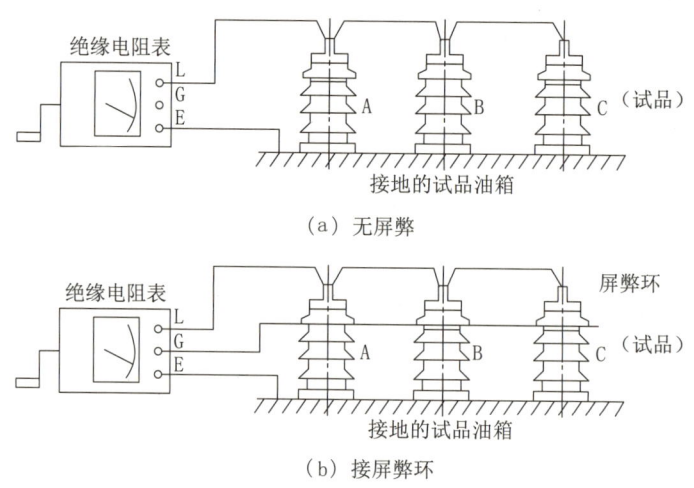

图8-2 兆欧表的试验接线图

绝缘电阻、吸收比试验报告示例：

试验名称及型品	摇表电压	电阻值/MΩ		绝缘电阻 R_{60}	吸收比 R_{60}/R_{15}
		15 s	60 s		

4.注意事项：

（1）测量时需要注意的影响因素：温度越高绝缘电阻越低；受残余电荷影响，试验前需要充分对被试品放电、接地；设备受潮、受污染后绝缘性能下降。因此试验前要将设备擦试干净，并记录试验时的温度、湿度。

（2）绝缘电阻试验对整体性、贯穿性的绝缘性能下降有效。局部绝缘损坏有可能检测不出来。

（3）在配网设备中，配电变压器容量较小，一般为几百千伏安，其对地等效电容也小，故吸引比较小，甚至看不到吸收比也是正常的。在对电缆进行试验时，往往有比较明显的吸引现象。

三、直流高压试验

1.试验原理：

直流高压试验包括直流耐压试验、泄漏电流试验，方法是运用直流高压发生器对被试品按试验规程标准、程序施加一定的直流高压，测试其在高压状态下的泄漏电流大小及变化，能有效地发现局部、端部绝缘缺陷。因施加的电压能量小，对绝缘产生的破坏性较小。

测量绝缘体的直流泄漏电流与测量绝缘电阻的原理相同，差别在于，直流泄漏电流的试验电压要高于兆欧表的直流电压，并且可以任意调节大小和时间，因此它往往能发现瓷瓶的细小裂纹、绝缘内部夹层受潮、绝缘件松散、绝缘油劣化、绝缘件沿面的烧伤炭化等缺陷，灵敏度、有效性比兆欧表要高。

直流耐压试验与直流泄漏电流试验虽然方法一致，但是作用有区别：前者是用于考验设备的耐压强度；后者是用于检查设备的绝缘状况，试验电压相对较低一些。因此直流耐压试验对于发现局部缺陷更有意义。

直流耐压试验与交流耐压试验相比，对绝缘损坏较小，设备轻便容易在多种场合使用，能同时进行泄漏电流的检测。

2.试验仪器：通常使用成套的直流高压发生器（图8-3）或者直流耐压机进行试验，目前很多设备已经可以自动按照试验规程、设定的程序完成。

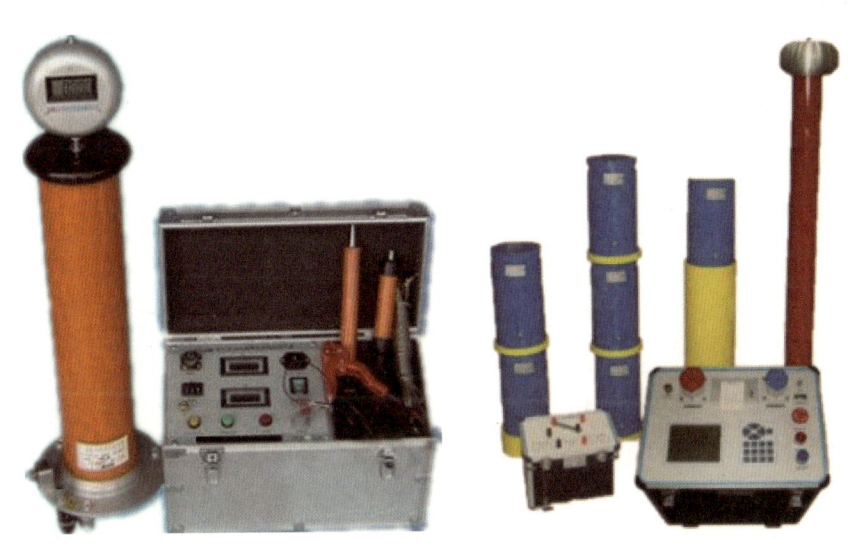

图8-3 成套直流高压试验装置

试验时应依据DL／T 474.2-2018《现场绝缘试验实施导则 直流高电压试验》的规定进行，选择电压等级合适的试验仪器。直流电压表、微安表等要定期检验合格，且在有效期内方可使用。

3.直流高压试验的接线原理（图8-4）：

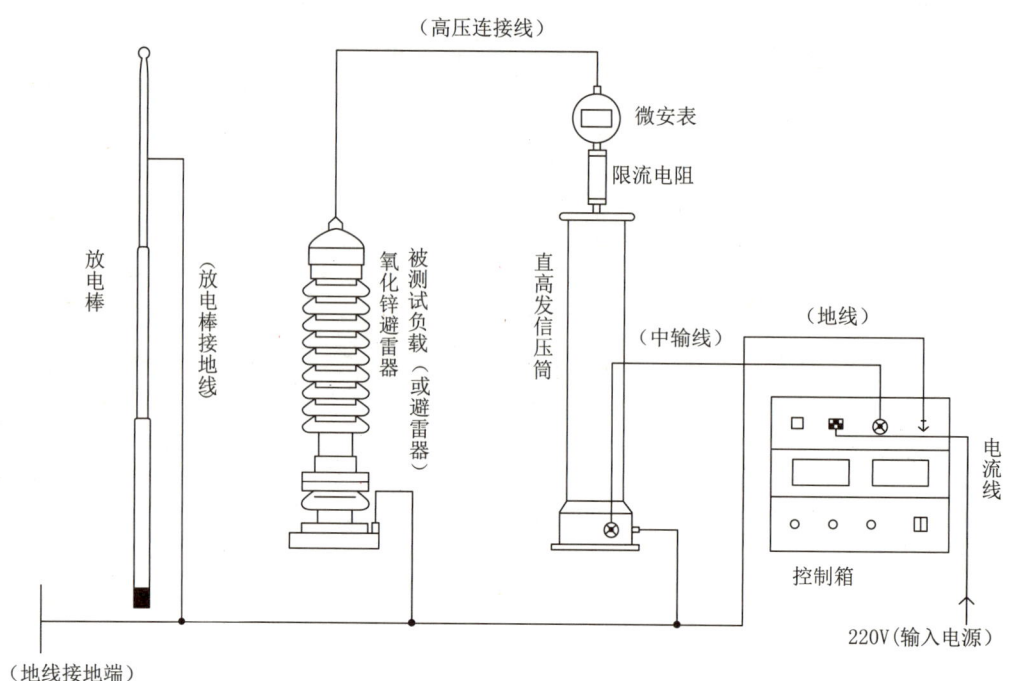

图8-4 直流高压试验接线示意图

4.直流耐压试验的程序：

（1）试验条件及准备工作：天气干燥，湿度不大于80%；将被试品擦试整洁、干燥；试验场地有足够的空间，对试验人员、试验仪器有足够的安全距离；试验采用专用导线和屏蔽线；被试品已经充分放电；检查接线正确无误。

（2）试验程序：直流泄漏试验和直流耐压试验一般结合起来进行，在升高直流电压过程中分段读取泄漏电流数据，最后进行规定时长的直流耐压试验。对被试品加压，从仪器最低点开始，缓慢升压以方便读取泄漏电流，一般掌握在达到试验电压75%时以每秒2%的速度上升。升压不宜太快也不宜太慢以防对设备绝缘造成损坏。完成试验后对被试品（长时间）充分放电、接地。

5.试验结果的判断：

（1）因为试验原理与绝缘电阻测试相同，所以湿度、温度和被试品是否污染，对试验结果有相同的影响，必要时应采取相同的措施。

（2）因试验电压较高，试验导线可能会产生一定的电离作用，在空气稀薄的高海拔地区容易使泄漏电流增大。

（3）试验过程中，如遇到泄漏电流非线性增大，应引起注意，有可能是局部绝缘缺陷导致；在被试品为电缆等电容性较大的设备时，还应检查三相的数据是否一致，如果差别较大，则可能存在缺陷。

四、直流电阻试验

直流电阻试验就是对被试品元件通上直流电,所呈现出的电阻,即元件固有的、静态的电阻。直流电阻试验业内简称"直阻",用于检验变压器绕组的直流电阻,或者是开关电器的接触电阻。本试验能够检验绕组或触头、连接部位的状态是否正常,检查出变压器绕组各个接头的焊接质量、分接开关触头接触是否良好、套管与引线焊接是否良好,截流部分回路是否存在开路、短路等故障,也能用于检查开关接触是否良好。特别是主变出现继电保护动作跳闸后,直流电阻试验是必须检查主变的重要项目之一。

直流电阻试验的原理和试验仪器:

(1)单臂电桥法(惠斯顿电桥法):主要用于测量10 Ω以上的直流电阻,我们以QJ23型电桥为例,其原理接线如图8-5所示。

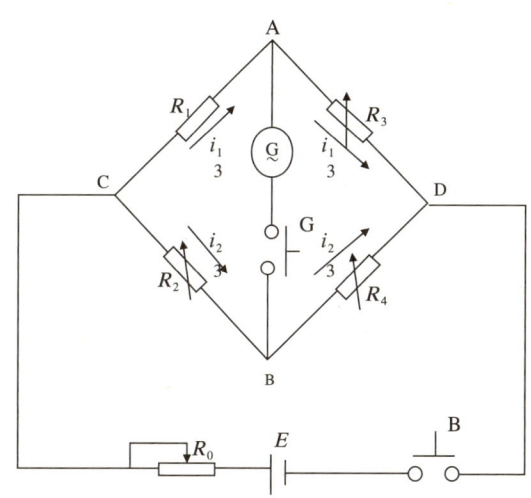

图中:R_1——被测电阻;R_2——标准电阻;R_0——限流电阻;E——直流电源;G——检流计;B——电源按钮;G——检流计开关按钮;R_3、R_4——电桥比率臂电阻

图8-5 单臂电桥试验原理图

单臂电桥的试验原理是:当R_1上的电压降等于R_2上的电压降时,A、B两点之间没有电位差,也就是检流计中没有电流流过,此时电流流经R_1和R_3,流经R_2和R_4,电桥达到平衡。当电桥平衡时,$U_{CA} = U_{CB}$,而$U_{CA} = R_1 \dfrac{U_{CD}}{R_1+R_3}$,$U_{CB} = R_2 \dfrac{U_{CD}}{R_2+R_4}$,因此,$\dfrac{R_1}{R_1+R_3} = \dfrac{R_2}{R_2+R_4}$,$R_1 \times R_4 = R_2 \times R_3$,则推导出:

$$R_1 = \frac{R_3 \times R_2}{R_4}$$

如果我们把R_1更换为被测电阻R_x,并将R_3和R_4做成一定比例的可调电阻(10),R_2为平滑可调电阻,调节R_2使电桥达到平衡,则:

$$R_x = \frac{R_3}{R_4} \times R_2 = mR_2$$

我们由原理图可见,被测的R_x包括了引线电阻在内,实际电阻等于R_x减去引线电阻。当被测电阻越小时,引线电阻造成的测量误差就越大,因此应尽量地减小引线电阻的影响。在实际使用中,QJ23单臂电桥用于测量10 Ω以上的电阻。

(2)双臂电桥法(凯尔文电桥法):我们以QJ44为例,介绍其工作原理,如图8-6所示。

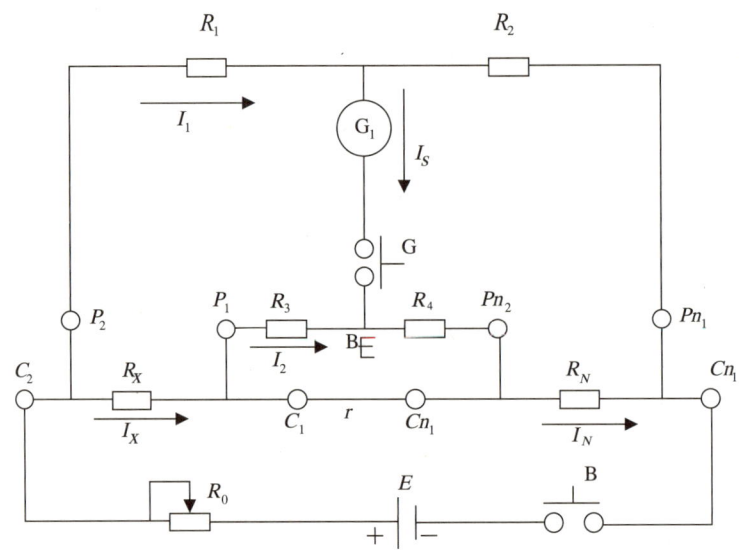

图中:R_x——被测电阻;R_N——标准电阻;R_0——限流电阻;E——直流电源;G——检流计;B——电源按钮;G——检流计开关按钮;R_1、R_2、R_3、R_4——电桥比率臂电阻;P_1、P_2——电桥电压接头;C_1、C_2——电桥电流接头

图8-6 双臂电桥试验原理图

双臂电桥的原理详细分析在此略过,有兴趣的读者可查阅有关资料加以理解。它的特点是可以较好地排除引线电阻、接触电阻对测量结果的影响,因此,适用于测量10 Ω以下的电阻值,可以获得很高的精度。

(3)其他成套直阻测试仪。近年来随着计算机技术广泛运用于测量仪器领域,出现了大量的成套测试仪器,特点是在上述两种基本原理的基础上,引入了自动测量控制功能,智能存储显示和打印测量结果,还有专门针对变压器绕组测量生产的三相绕组测试仪,针对断路器接触电阻等微电阻测试需要生产的微电阻测试仪,等等。如

图8-7，8-8所示。

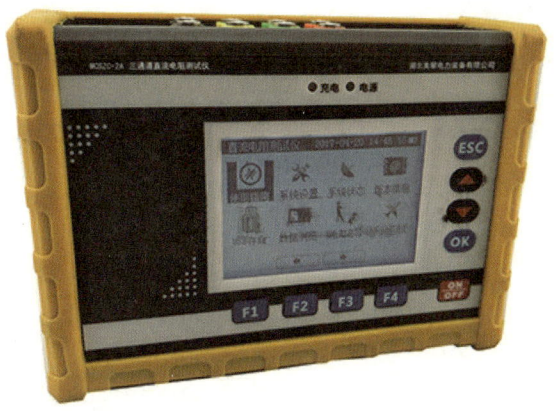

图8-7 三通道直流电阻测试仪（用于变压器）

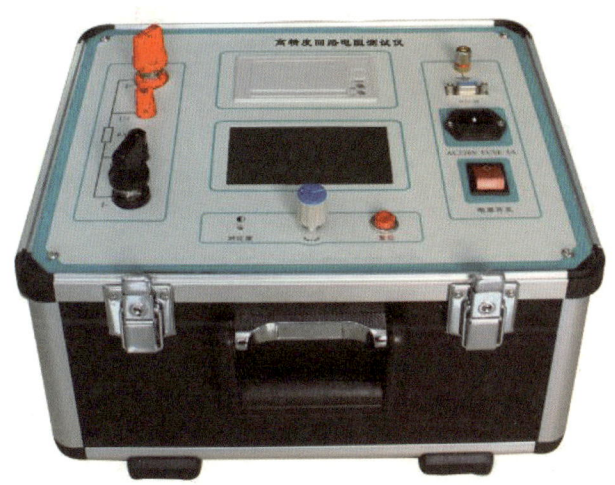

图8-8 回路电阻测试仪（用于开关）

第二节 交流高压电气试验

一、介质损耗因数 $\tan\delta$ 试验

介质损耗因数 $\tan\delta$ 简称介损,是绝缘材料在电场作用下,由于介质电导和介质极化的滞后效应,在其内部引起的能量损耗,是一项反映高压电气设备绝缘性能的重要指标。介损角的变化可反映受潮、劣化变质或绝缘中气体放电等绝缘缺陷。

1.测量介质损耗:通常使用介质损耗测试仪或高压电容电桥进行。测试的方法主要有两种:一种是适用于测量不接地试品的方法,测量时介损仪的测量回路处于地电位状态;另一种是适用于测量接地试品的方法,测量时介损仪的测量回路处于高电位状态。另外有自激法和异频法,在配网上不常接触,在此略去。

2.采用西林电桥的接线原理(图8-9):

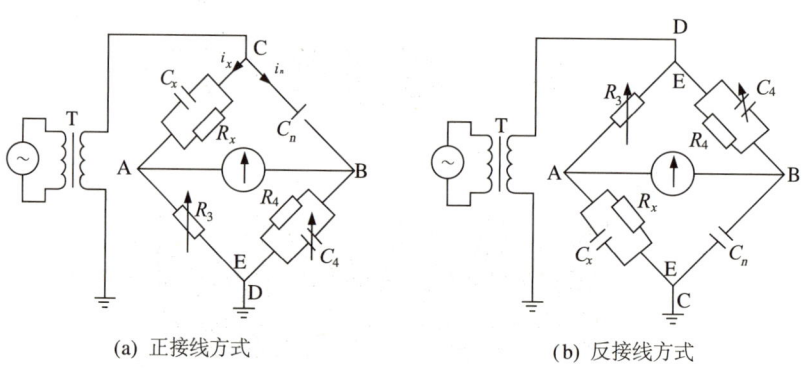

(a) 正接线方式   (b) 反接线方式

元件:

C_x——被试品等值电容;

R_x——被试品介质损耗等值电阻;

C_n——标准电容;

R_3——无感可调电阻;

C_4——可调电容;

R_4——无感固定电阻;

T——电源变压器。

图8-9 西林电桥的两种接线原理

在电桥平衡时，

$$C_x = C_n \frac{R_4}{R_3}$$

$$\tan\delta_x = \omega C_4 R_4$$

在工频试验电压下，上式中的 $\omega = 2\pi f = 100/\pi = 3184\ \Omega$，则 $\tan\delta_x = C_4$，故 C_4 的容量微法值就是 $\tan\delta_x$ 值。

3. 采用高压介质损耗测试仪的测量方法：

高压介质损耗测试仪是应用数字测量技术并以计算机控制和处理，从而实现介质损耗和电容量的自动测量，主要方法有零值比较法（用变压器比例臂代替普通阻抗比例臂）、实部和虚部分离法、快速傅立叶变换分析法、相伴差法等。

新型高压介质损耗测试仪一般具有全自动抗干扰功能，抗干扰主要采用异频法。其基本接线方法如图8-10所示，具体应参考说明书接线。

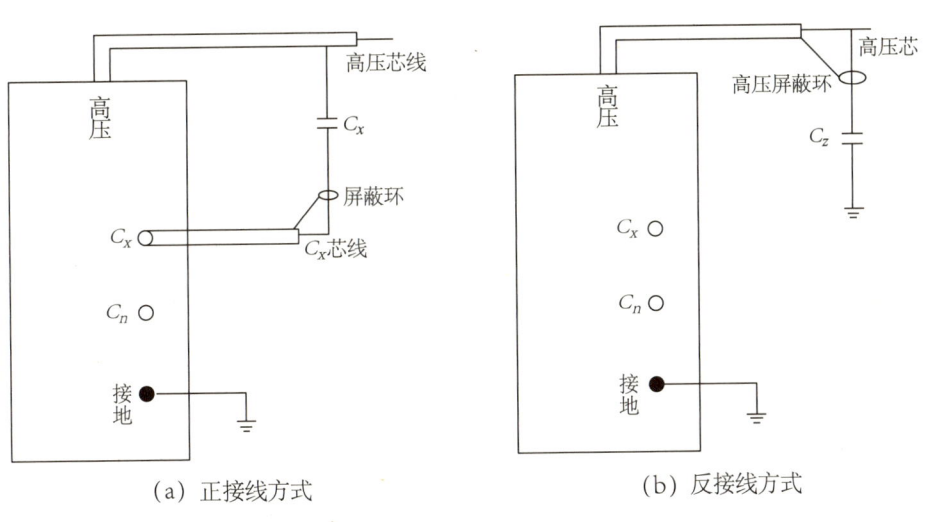

图8-10 高压介质损耗测试仪的基本接线方法

4. 电力设备现场测试准备及条件：

（1）现场测试天气应良好，在环境温度5℃以上、湿度不大于80%时进行；测试前应提前了解试品的其他绝缘测试记录，如绝缘电阻和吸引比、直流耐压和泄漏电流、变压器油化验结果等数据，对试品绝缘性能有一个基本判断。因此，这项试验常常要安排在前几项试验后进行。

（2）必要时将试品进行清洁、干燥处理，例如电容套管的分压小瓷套、二次端子压板等。本试验一般对试品施加10 kV的交流电压，因此需要检查试验设备与试品、与人员、与带电导线和部位之间的安全距离，遵守试验规程。

5. 试验结果的判断：

本试验可用于变压器、断路器、高压套管、电容器、电压或电流互感器等设备，试验数据判断及评价请遵循国家电网公司DL/T474.3-2018《现场绝缘试验实施导则 介质损耗因数$\tan\delta_x$试验》有关条款。一般来说，试验数据与出厂试验、往年历次试验报告对比，不宜有明显变化。如果差别较大，则应检查试验程序、试验过程及试品有无异常影响，排除异常因素后，数据差别仍然偏大，应怀疑试品存在绝缘缺陷。

二、交流耐压试验

本试验是按照试验规程的规定程序和标准（DL/T474.4-2018《现场绝缘试验实施导则——交流耐压试验》），对被试品施加数倍于正常运行电压的交流电压，并持续一定时间（一般是1分钟），可以有效地发现局部游离性缺陷和绝缘老化缺陷。交流耐压试验在电气设备绝缘的各项试验中，对设备绝缘的破坏性较大，但是能最接近于各种设备工况，是一项具有决定意义的试验。为避免设备绝缘因交流耐压试验而破坏，通常先进行其他各种非破坏性试验，判断设备绝缘正常后，再使用较大功率的交流耐压机进行试验。

1. 交流试验电压的要求：试验电压一般是45~65 Hz的交流电压，称为工频交流电压；也可以是10~300 Hz的交流电压。波形应是近似正弦波。工频试验电压一般采用高压试验变压器来产生；若被试设备如大型主变等设备分布电容很大，则会导致试验变压器过大而笨重，不便现场使用，为克服这一缺点，也常采用串联谐振方式产生高电压，或者采用100~300 Hz的中频电源，对被试品的低压绕组激磁从而在高压绕组中产生高压。

2. 交流耐压试验的典型原理接线（图8-11，8-12）：

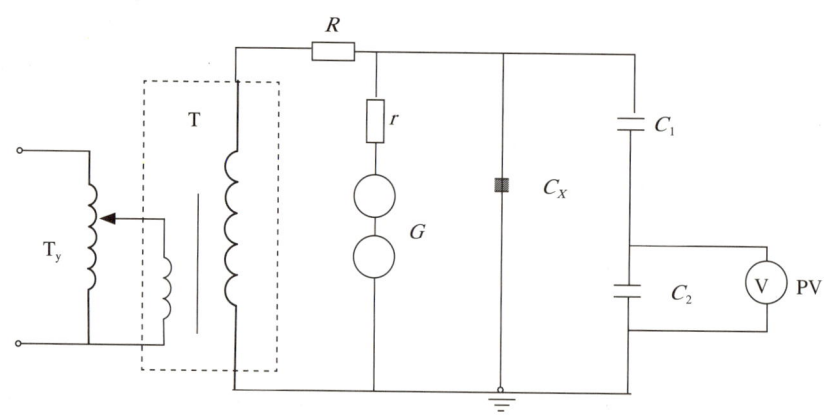

T_y——调压器；T——试验变压器；R——限流电阻；r——球隙保护电阻；G——球间隙；C_x——被试品；C_1、C_2——电容分压器高、低压臂；V——电压表

图8-11 典型工频耐压试验接线原理

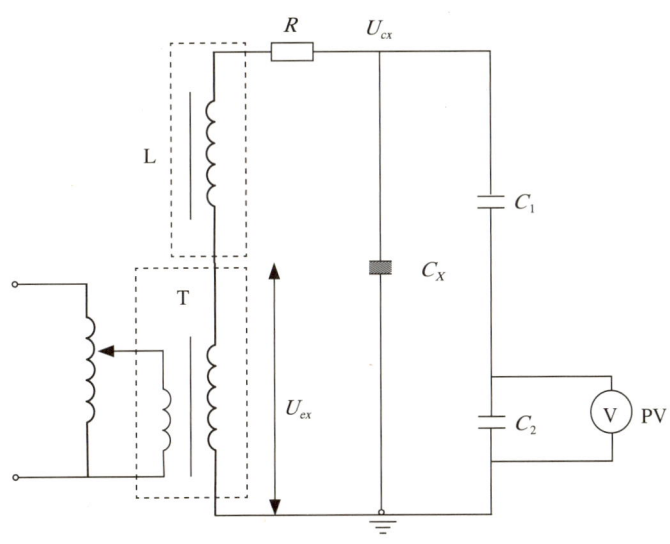

T——励磁变压器；U_{ex}——励磁电压；L——电感；R——限流电阻；U_{cx}——被试品上的电压；C_x——被试品电容；C_1，C_2——电容分压器高、低压臂；PV——电压表

图8-12 串联谐振方式耐压试验原理图

根据调节方式的不同，串联谐振装置分为工频串联谐振方式（工作频率为50 Hz，固定电容器调节电抗，或者是固定电抗器调节电容）、变频串联谐振方式（固定电抗器、调节频率）。

中频耐压试验的接线方式是采用中频电源（中频电源机组、中频同步发电机组、电子式变频装置等）对变压器、电压互感器等低压绕组注入中频低压，通过励磁在高压绕组中产生高压。

3.交流耐压试验的步骤和注意事项：

（1）确定试验电压值。

根据被试设备情况，按照有关标准的规定，恰当地确定交流耐压试验电压值。

（2）选择试验设备及绘出试验接线图。

根据被试设备的参数、试验电压的大小和现有试验设备的条件，选择合适的试验方法及试验设备。

例如，工频试验变压器的额定电压、电流、容量，各测量仪器的量程，都应满足试验的要求。根据试验的要求选择好的试验设备，正确绘出试验接线图。

（3）现场布置和接线。

根据试验现场的情况，对选择好的试验设备进行合适的现场布置，然后按试验接线图进行接线。在进行现场布置和接线时，应注意高压部分对地保持足够的距离，高压部分与试验人员应保持足够的安全距离。高压引线应连接牢靠，并尽可能短，非被试相及设备外壳应可靠接地。接线完毕，应由第二人进行认真全面的检查。例如，各试验设备的容量、量程、位置等是否合适，调压器指示应在零位，所有接线应正确无误等。

（4）调整保护球隙。

不接试品均匀缓慢地升压，调整保护球隙距离，使其放电电压为试验电压的1.1~1.2倍。重复3次，取平均值。然后将电压降到零，断开电源开关。

（5）进行耐压试验。

将高压引线牢靠地接到试品上，接通电源，开始升压进行试验。试验电压的上升速度，在试验电压的75%以前可以是任意的；其后应以每秒钟2%的试验电压连续升到试验电压值，开始计时并读取试验电压。时间到后，迅速均匀降压到零（或1/3试验电压以下），然后切断电源，放电，挂接地线。

试验中如无破坏性放电发生，则认为通过耐压试验。

注意：升压必须从零开始，不可冲击合闸。同时在升压和耐压过程中，应密切观察各种仪表的指示有无异常，被试绝缘有无闪络、冒烟、燃烧、焦味、放电声响等现象。若发生这些现象，应迅速均匀地降低电压到零，断开电源开关，将被试物接地，进行分析判断。

（6）耐压后的检查。

耐压以后，应紧接着对被试物进行绝缘电阻的测试，以了解耐压后的绝缘状况。对有机绝缘，经耐压并断电、接地后，试验人员还应立即用手进行触摸，检查有无发热现象。

第三节　其他电气试验项目

一、避雷器的试验

氧化锌避雷器是20世纪70年代发展起来的一种新型避雷器，它主要由氧化锌压敏电阻构成。每一块压敏电阻从制成时就有它的一定开关电压（叫压敏电压），在正常的工作电压（即小于压敏电压）下压敏电阻值很大，流过避雷器的电流极小（微安或毫安级），相当于绝缘状态；但在冲击电压（大于压敏电压）作用下，压敏电阻呈低值被击穿，相当于短路状态。然而压敏电阻被击后，是可以恢复绝缘状态的；当高于压敏电压的电压撤销后，它又恢复了高阻状态。因此，如在电力线上安装氧化锌避雷器，当雷击时，雷电波的高电压使压敏电阻击穿，雷电流通过压敏电阻流入大地，可以将电源线上的电压控制在安全范围内，从而保护了电气设备的安全。氧化锌避雷器的通流能力大、保护特性优异，和传统的阀式避雷器的差异是它没有放电间隙，在电力系统中广泛运用，迅速淘汰了老式的阀式避雷器。因此本文仅对这种避雷器进行介绍。

氧化锌避雷器的主要试验项目：

（1）测量绝缘电阻。35 kV以下的氧化锌避雷器，用2500 V的兆欧表摇测，绝缘电阻应不低于10 000 MΩ。

（2）测量直流1 mA时的临界动作电压U_{1mA}和0.75 U_{1mA}下的泄漏电流。一般用避雷器专用测试装置来完成这两项数据的测试，典型原理接线如图8-13所示。

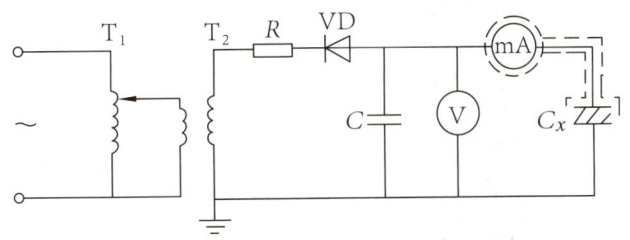

测量 U_{1mA} 的半波整流电路

T_1——单相调压器；T_2——试验变压器；VD——硅堆；R——保护电阻；C——滤波电容；
V——高内阻电压表；mA——直流豪安表；C_x——氧化锌避雷器

图8-13　氧化锌避雷器试验原理图

U_{1mA}的测试用于检查避雷器内部是否受潮、性能劣化。0.75 U_{1mA}则是检查避雷器的长期允许工作的泄漏电流是否符合规定，其大小也能反映避雷器的寿命。在实际试验时，先按图8-13接线，对避雷器升压测出U_{1mA}；然后慢慢降低电压到0.75 U_{1mA}测出泄漏电流值。根据规程规定，U_{1mA}与初始值或出厂报告比较，变化不大于±5%；0.75 U_{1mA}时的泄漏电流不应大于50 μA。

二、接地电阻试验

1.接地电阻：是接地装置泄放电流时产生的电阻，本质上属于土壤产生的电阻。为保证接地装置的接地电阻符合设计和规程的要求，需要对其进行试验测定。

2.常用接地电阻试验设备：

（1）ZC-8接地摇表（图8-14）：

图8-14 ZC-8型接地电阻测试仪

（2）数字式接地电阻测试仪（图8-15）：

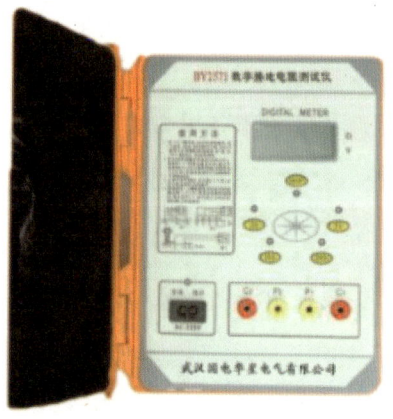

图8-15 数字式接地电阻测试仪

（3）基本原理接线（图8-16）：

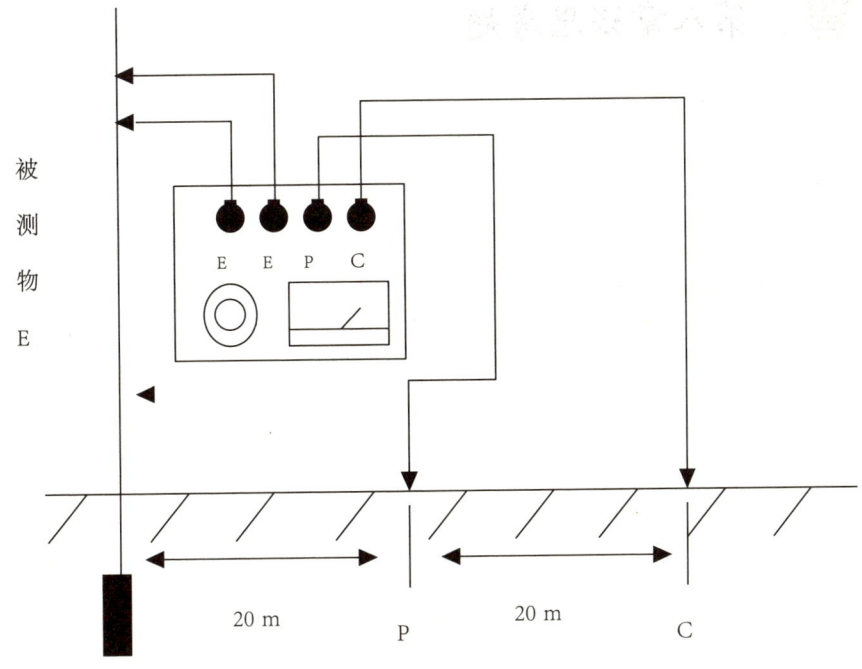

图8-16 接地摇表的测量原理图

（4）其他常用试验项目和仪器：变压器空载损耗试验，用于检验包括铁芯中磁滞和涡流损耗及空载电流在初级线圈电阻上的损耗，俗称铁损；变压器负载损耗，是指当变压器二次绕组短路（稳态），一次绕组流通额定电流时所消耗的有功功率。负载损耗俗称铜损。空载和负载损耗一般都有相应的专用测试仪器。常用的变压器测试项目还有接线组别测试、变比测试等。

第八章※思考题

8-1. 电气试验有几种？分别执行什么国家标准？

8-2. 什么是吸收现象？什么是吸收比？

8-3. 温度对绝缘电阻有何影响？

8-4. 对配电变压器摇测绝缘电阻，没有观察到明显的吸收现象，可还判定为绝缘不合格？

8-5. 直流耐压试验与交流耐压、绝缘电阻试验比较，有什么优点？

8-6. 泄漏电流与施加电压相比较，出现非线性异常增大，说明被试品有何问题？

8-7. 直流电阻试验的两种方法各有何特点？

8-8. 介质损耗试验的原理是什么？对什么绝缘缺陷比较灵敏？

8-9. 介质损耗试验有几种方法？

8-10. 交流耐压试验有什么优缺点？执行什么国家标准？

8-11. 氧化锌避雷器试验有哪些主要试验项目？主要试验方法是什么？

8-12. 接地电阻试验的原理和接线是什么？亲手进行一次试验，写出步骤和结果分析。

参 考 文 献

[1]韦钢,等. 电力工程概论[M]. 3版. 北京:中国电力出版社,2009.

[2]崔军朝,孟凡钟,陈蕾. 配电网实用技术[M]. 北京:中国水利水电出版社,2011.

[3]吕俊, 蒋信菊. 电学中易混淆的几个概念[J]. 家庭电子, 2004(9):43.